隧道工程聚能爆破围岩裂纹演化机理及应用研究

徐世祥 著

中国建筑工业出版社

图书在版编目（CIP）数据

隧道工程聚能爆破围岩裂纹演化机理及应用研究 / 徐世祥著. --北京：中国建筑工业出版社，2024.11.
ISBN 978-7-112-30283-3

Ⅰ. U455.6

中国国家版本馆CIP数据核字第20241PB357号

责任编辑：徐仲莉　王砾瑶
责任校对：李欣慰

隧道工程聚能爆破围岩裂纹演化机理及应用研究
徐世祥　著
*
中国建筑工业出版社出版、发行（北京海淀三里河路9号）
各地新华书店、建筑书店经销
北京点击世代文化传媒有限公司制版
建工社（河北）印刷有限公司印刷
*

开本：787毫米×1092毫米　1/16　印张：11½　字数：211千字
2024年11月第一版　2024年11月第一次印刷
定价：**68.00元**
ISBN 978-7-112-30283-3
（43689）

版权所有　翻印必究
如有内容及印装质量问题，请与本社读者服务中心联系
电话：（010）58337283　QQ：2885381756
（地址：北京海淀三里河路9号中国建筑工业出版社604室　邮政编码：100037）

序

我国岩质隧道工程建设除采用掘进机法外,目前仍多采用钻爆法施工,传统的钻爆法施工控制不当,容易引发振动危害、环境污染、围岩失稳、超欠挖严重、职业病等工程和社会问题,严重制约了隧道工程建设进程。

隧道聚能爆破技术具有减少围岩扰动、防止超欠挖、改善作业环境、提高炸药能量利用率等优点,符合环保节能要求,发展潜力巨大,具有非常重要的推广价值。开展隧道掘进聚能爆破法破岩机理及应用研究,为我国隧道工程聚能爆破法设计与施工提供学科依据,改变理论研究滞后于工程实践的现状,具有重要现实意义。

该书围绕隧道工程聚能爆破围岩裂纹演化机理及工程应用,采用理论分析、模型试验、数值模拟和现场原位试验相结合的研究方法,系统研究了隧道单孔、双孔、多孔及周边孔聚能爆破应力波传播和爆生裂纹动态演化规律,提出了聚能水压爆破最优装药结构,分析了双孔聚能爆破不同炮孔间距、微差时间对应力波传播过程及孔间裂纹贯通的影响,建立了双孔聚能爆破裂纹贯通最大炮孔间距,揭示了多孔聚能爆破孔间相互作用及裂纹贯通机制,并与传统爆破进行对比,阐明了隧道周边孔聚能爆破裂纹贯通形成过程及围岩损伤衰减规律,研究成果具有重要的现实意义和学术价值,对推动聚能爆破技术在地下工程施工技术进步具有重要作用,应用前景十分广阔。

相信该书的出版将对从事该领域的广大科技人员提供十分有益的帮助,也希望作者在我国西部大开发及深部地下空间开发利用中继续钻研爆破新技术,为我国迈向世界隧道强国作出重要贡献。

谨此与作者共勉之,是以为序。

吴波

前 言

近年来，隧道建设面临复杂多变环境，对施工提出了更高的要求，智能、韧性、绿色、低碳的隧道建设是未来的发展方向。21 世纪是中国隧道及地下工程高速发展的时期，随着新技术、新理论、新思想、新材料的不断进步以及多座世界级隧道工程的建成通车，中国已从世界隧道大国迈入世界隧道强国。

我国岩质隧道工程建设多采用钻爆法施工。但在其施工过程中常存在以下问题：隧道爆破超挖会使围岩整体性和自成拱能力降低，增大衬砌受力；欠挖则会使衬砌厚度减小，达不到支护要求；同时，钻爆法施工造成的爆破振动效应不可避免地会对隧道保留岩体产生一定损害，一旦控制不当，将可能导致围岩失稳，诱发塌方、突水突泥、岩爆等地质灾害。特别是随着隧道和地下工程的埋深、跨度和长度的不断加大，施工环境中的地应力、地温以及地下水渗透化将进一步增加，岩体爆破动力损伤灾害的产生概率和严重等级也将进一步显现。因此，针对隧道及地下工程的建设实际情况，以及未来几十年隧道工程建设的持续发展，探索隧道爆破施工新技术势在必行。

全书共分为 7 章，第 1 章介绍隧道施工聚能爆破技术概述；第 2 章介绍隧道施工聚能装药爆破破岩原理；第 3 章介绍隧道单孔聚能爆破裂纹演化规律；第 4 章介绍隧道单孔聚能水压爆破裂纹演化规律；第 5 章介绍隧道双孔聚能爆破裂纹演化规律；第 6 章介绍隧道多孔聚能爆破裂纹演化规律及在周边孔中的应用；第 7 章为主要结论。

本书参阅了大量相关文献和研究成果，本书出版得到国家自然科学基金项目（52278397、52168055）、江西省"双千计划"创新领军人才项目（jxsq2020101001）、江西省自然科学基金项目（20212ACB204001）、江西省地下工程风险数字化管控研究中心开放基金项目（JXDFJJ2024-006）、东华理工大学博士科研启动基金项目（DHBK2023011）等的资助支持，在此一并表示感谢！

鉴于隧道工程爆破施工的复杂性，作者虽在隧道爆破施工新技术的前瞻性和实用性等方面付出了极大的努力，但由于水平和时间有限，书中难免有疏漏和不足之处，恳请广大读者批评指正。

目 录

第1章 绪论 ··· 1
  1.1 研究背景及意义 ·· 2
  1.2 国内外研究现状 ·· 4
    1.2.1 聚能爆破技术研究 ·· 4
    1.2.2 聚能爆破单孔裂纹动态演化规律研究 ······················ 6
    1.2.3 聚能爆破围岩孔间裂纹贯通机理研究 ······················ 8
  1.3 存在的主要问题 ·· 12
  1.4 研究内容及技术路线 ·· 13
  1.5 本章小结 ·· 15

第2章 隧道聚能装药爆破破岩原理 ································· 17
  2.1 炸药理论基础 ··· 18
    2.1.1 炸药爆轰理论基础 ·· 18
    2.1.2 水压爆轰理论基础 ·· 21
  2.2 岩体爆破破坏理论 ··· 24
    2.2.1 爆破破岩作用机理 ·· 25
    2.2.2 不同条件岩体爆破作用 ······································ 26
  2.3 围岩聚能爆破作用机制 ··· 29
    2.3.1 聚能装药作用原理 ·· 29
    2.3.2 围岩聚能爆破致裂作用过程 ································ 30
    2.3.3 围岩聚能爆破裂纹开展范围 ································ 31
  2.4 围岩聚能爆破裂纹扩展力学分析 ································· 32
    2.4.1 冲击波作用裂纹扩展 ··· 34

2.4.2 应力波作用裂纹扩展 ···································· 36
2.4.3 爆生气体作用裂纹扩展 ································ 38
2.5 本章小结 ··· 39

第 3 章 隧道单孔聚能爆破裂纹演化规律研究 ················ 41
3.1 单孔聚能爆破试验分析 ······································ 42
3.1.1 有机玻璃模型试验 ···································· 42
3.1.2 测试系统简介 ·· 43
3.1.3 实验结果分析 ·· 44
3.2 数值算法简介 ·· 46
3.2.1 显式算法基础理论 ···································· 47
3.2.2 爆炸模拟算法简介 ···································· 50
3.3 单孔聚能爆破数值模拟分析 ································ 53
3.3.1 材料本构参数 ·· 53
3.3.2 单孔聚能爆破分析模型 ······························ 54
3.3.3 初始裂纹形成及孔壁压力特征分析 ··············· 54
3.3.4 应力波传播及裂纹开展分析 ······················· 57
3.3.5 数值模拟与试验结果对比分析 ···················· 59
3.4 椭圆形聚能药包结构影响因素分析 ······················ 61
3.4.1 外壳及药型罩影响分析 ······························ 61
3.4.2 药型罩锥角影响分析 ································ 64
3.4.3 聚能药包形状影响分析 ······························ 70
3.5 椭圆线型聚能药包结构参数优化 ························· 72
3.5.1 灰色关联理论 ·· 73
3.5.2 正交试验设计及结果 ································ 74
3.5.3 灰色关联分析 ·· 78
3.5.4 基于机器学习的聚能药包参数优化 ·············· 80
3.6 径向不耦合系数影响 ······································· 84
3.6.1 不同炮孔直径裂纹开展分析 ······················· 84
3.6.2 最佳径向不耦合系数 ································ 85

3.7 本章小结 ····· 86

第4章 隧道单孔聚能水压爆破裂纹演化规律研究 ····· 89
4.1 聚能水压爆破机制 ····· 90
4.2 单孔聚能水压爆破裂纹动态演化规律 ····· 91
4.2.1 数值模型验证 ····· 91
4.2.2 计算模型建立 ····· 93
4.2.3 应力波传播过程及炮孔壁压力特征分析 ····· 94
4.2.4 围岩等效应力特征及裂纹开展分析 ····· 96
4.3 聚能水压爆破轴向不耦合装药结构优化分析 ····· 98
4.3.1 模型构建与方案设计 ····· 98
4.3.2 炮孔壁压力特征对比分析 ····· 100
4.3.3 裂纹开展规律 ····· 102
4.4 聚能水压爆破轴向不耦合系数影响 ····· 103
4.4.1 计算模型 ····· 103
4.4.2 计算结果分析 ····· 104
4.5 本章小结 ····· 105

第5章 隧道双孔聚能爆破裂纹演化规律研究 ····· 107
5.1 聚能爆破孔间裂纹贯通形成机理 ····· 108
5.2 双孔聚能爆破裂纹动态扩展分析 ····· 109
5.2.1 数值模型建立 ····· 109
5.2.2 应力波传播及裂纹开展 ····· 110
5.2.3 与双孔传统爆破对比分析 ····· 112
5.3 炮孔间距对聚能爆破孔间裂纹扩展的影响 ····· 115
5.3.1 计算模型 ····· 115
5.3.2 不同炮孔间距应力波传播及裂纹开展 ····· 116
5.3.3 不同炮孔间距单元有效应力特征分析 ····· 119
5.4 起爆时差对聚能爆破孔间裂纹扩展的影响 ····· 120
5.4.1 计算模型 ····· 120

　　　　5.4.2　不同微差时间聚能爆破应力波传播及裂纹开展 …………………… 120

　5.5　本章小结 ………………………………………………………………………… 124

第6章　隧道多孔聚能爆破裂纹演化规律及在周边孔中的应用研究 …………… 125
　6.1　周边多孔聚能爆破裂纹贯通形成机理 ………………………………………… 126
　6.2　多孔聚能爆破数值模拟对比分析 ……………………………………………… 128
　　　6.2.1　多孔爆破分析模型建立 ………………………………………………… 128
　　　6.2.2　多孔传统爆破应力波传播及裂纹开展 ………………………………… 128
　　　6.2.3　多孔聚能爆破应力波传播及裂纹开展 ………………………………… 131
　　　6.2.4　多孔爆破围岩应力分析 ………………………………………………… 133
　6.3　隧道聚能爆破在周边孔中的应用研究 ………………………………………… 134
　　　6.3.1　工程概况 ………………………………………………………………… 134
　　　6.3.2　传统爆破与聚能爆破模型的建立 ……………………………………… 136
　　　6.3.3　结果与分析 ……………………………………………………………… 136
　　　6.3.4　聚能爆破方案优化 ……………………………………………………… 144
　6.4　隧道聚能预裂爆破工程应用案例 ……………………………………………… 148
　　　6.4.1　工程概况 ………………………………………………………………… 148
　　　6.4.2　爆破方案 ………………………………………………………………… 149
　　　6.4.3　数值模型分析 …………………………………………………………… 151
　　　6.4.4　爆破振动监测 …………………………………………………………… 154
　6.5　本章小结 ………………………………………………………………………… 156

第7章　结论 …………………………………………………………………………… 159

参考文献 ………………………………………………………………………………… 162

CHAPTER 1
第 1 章

绪论

1.1 研究背景及意义

随着我国社会经济水平的不断发展，交通运输及工程建设规模与数量在总体上表现出持续增长的趋势。隧道作为交通运输线路上的重要工程建筑物，穿越山岭、城市、江河、海峡等地区时，呈现出显著的工程优势，具有重大的社会和经济效益。统计数据显示，截至 2023 年底，中国铁路营业里程达到 15.9 万 km，其中投入运营的铁路隧道 18573 座，总长 23508 km，中国公路隧道运营里程已超 26000 km，仅交通隧道每年的投资规模就达万亿元，中国已然成为实至名归的超级隧道大国。此外，未来我国隧道工程建设的规模和长度仍将持续快速稳步发展，21 世纪是中国隧道及地下工程高速发展的时期，中国已从世界隧道大国迈向世界隧道强国，中国隧道工程在得到更宝贵发展机遇的同时，也将面临前所未有的挑战与风险。

钻爆法施工由于其适用性强、操作灵活、经济快速，是我国目前建设岩质隧道工程的主流施工方法。然而，传统的钻爆法施工超欠挖严重，超挖大大降低了隧道围岩的整体性及自成拱能力，使衬砌受力增大，欠挖将导致衬砌厚度减小，难以达到支护要求；另外，隧道爆破开挖岩石破碎过程中，对于隧道保留岩体的损害难以控制，容易导致围岩失稳，造成隧道坍塌、突水突泥等事故，高地应力条件引发岩爆灾害；在城区近邻既有结构施工中产生的爆破震动，不仅影响既有结构的安全，对于居民的正常生活也会产生一定的影响；隧道传统爆破施工作业环境差，爆破施工中生成大量粉尘并伴随有害气体，严重影响了作业人员的生命安全。传统的钻爆法施工引发的超欠挖、围岩失稳、振动影响、环境污染、职业病等工程以及社会问题严重制约了隧道工程的建设进程。

为获得光滑平整的开挖轮廓线，减小爆破对围岩的损伤程度，改善作业环境，隧道开挖多采用定向控制爆破并结合水压爆破技术。目前主要的岩石定向控制爆破技术基本上可以分为三类：切槽爆破、切缝爆破和聚能爆破，如图 1-1 所示。切槽爆破技术根据爆破孔开裂方向，按设计要求在炮孔壁上沿炮孔轴向预先切出 V 形槽，在炮孔内壁人为形成尖劈作用，预制初始裂纹，爆破时产生应力集中并起到导向作用，在爆破荷载作用下使其沿着 V 形槽方向断裂。切槽爆破方法具有集中爆破能量的优点，在切槽方向裂纹优先开展，并抑制其他方向裂纹，减小裂纹起裂需要的能量，降低了爆破振动。切缝爆破技术根据实际需要，通过在包裹炸药的外壳上开设不同形状、角度和一定数量的切缝，改变爆破时应力场分布形成尖劈作用，爆生气体的准静态作用使裂纹沿着切缝方向起裂、扩展，从而达到定向开裂的目的。切缝爆破方法利用特制的切缝药包，具有将爆破能量优先从切缝方向释放的优势，沿切缝方向炮孔壁优先形成初始裂纹，由于切缝药包外壳的存在，抑制了其他方向的裂纹，从而在切缝方向形成定向裂纹。聚能爆破技术通过对传统药卷的形状改变，利用药型罩的聚能效应，使得爆破能量在特定方向集中，产生具有较高能量的聚能射流，在聚能方向上裂纹优先开展，从而形成定向裂纹。聚能爆破方法利用聚能药包的特殊结构，改变了爆破能量分布，沿聚能方向炮孔壁优先形成初始裂纹，聚能药包外壳的存在还抑制了其他方向的裂纹，从而在聚能方向形成定向裂纹。与传统爆破技术相比，聚能爆破技术可以有效解决爆破过程中造成的岩体粉碎严重，增大爆破裂纹扩展范围，具有减少围岩扰动、防止超欠挖、提高炸药能量利用率等优点。

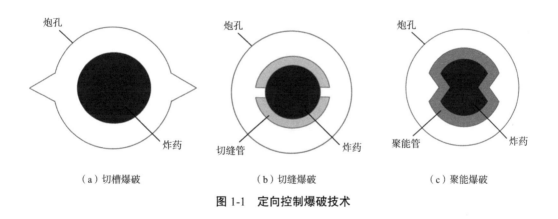

图 1-1　定向控制爆破技术

聚能爆破技术虽然在隧道工程实践中得到应用，取得较好的效果，然而，目前对隧道聚能爆破的研究尚处于起步阶段，针对聚能药包结构参数影响、聚能爆破聚能效应、聚能爆破不耦合装药结构、聚能爆破应力波传播过程、聚能爆破裂纹动态演化规律研究较少，对聚能爆破作用下围岩孔间相互作用及裂纹扩展贯通机理的认识十分有限，特别是在聚能爆破的基础上通过实践创新提出的聚能水压爆破方面的研究匮乏，理论研究严重滞后工程实践，难以满足工程需要。因此，通过研究聚能药包结构参数优化、聚能爆破应力波传播规律、聚能水压爆破装药结构、聚能爆破径向、轴向不耦合系数、聚能爆破围岩初始裂纹形成、裂纹扩展、孔间裂纹贯通机制，将为我国隧道爆破参数设计与施工提供科学依据，有效杜绝隧道爆破掘进经验性施工的盲目性和资源浪费，并有效降低工程风险度，实现隧道工程建设的绿色爆破、精细爆破，为改变理论研究滞后于工程实践的现状作出重要贡献。

1.2 国内外研究现状

1.2.1 聚能爆破技术研究

聚能爆破技术通过改变传统爆破中药卷形状，利用聚能罩的聚能效应在爆破过程中沿特定方向形成高温、高压、高速的聚能射流，达到定向爆破，图 1-2 为典型的聚能爆破装药结构示意图。聚能效应由 Baader 于 1792 年通过空心凹穴结构药包产生能量集聚现象发现，Foester 在 1884 年对空心凹穴结构药包的聚能效应进一步研究证实。Munroe 针对空心凹穴结构药包的定向侵彻能力开展了试验研究，结果表明，空心凹穴结构药包侵彻能力与常规药包相比明显得到增强。

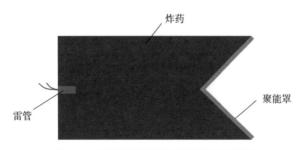

图 1-2　典型的聚能爆破装药结构示意图

20 世纪初，对于空穴药柱的研究逐渐兴起，并通过对药包结构进行加工得到应用，随后各国学者针对聚能药包装药结构聚能效应开展了大量研究。Seely 等通过试验研究，得到聚能药包起爆后通过压垮药型罩形成了明显的聚能效应。Thomanek 针对聚能药包结构影响参数进行了研究，1943～1952 年，针对聚能药包装药结构聚能射流形成相关理论得到发展，相继提出了聚能装药结构分析模型、聚能射流准定常理论。Chou 等对于聚能射流的影响因素开展研究，提出了聚能射流的形成及计算方法，进一步推动聚能装药技术理论的发展。Bjarnholt 等对聚能药包装药结构进行改进，提出了线型聚能装药结构，推进了聚能爆破技术在军事领域及工程领域的应用。

20世纪80年代，我国针对聚能爆破技术的研究进入起步阶段，着重开展了聚能药包的作用机理研究，并在工程中进行应用。季荣生分析了聚能装药爆破的力学效应，揭示了聚能爆破对于岩体定向破裂的作用机理，对于提高聚能爆破射流的性能和切割岩石的效果开展了研究。谢源等针对不同聚能药包装药结构产生的爆破效果进行研究，对聚能药包形状进行试验研究，分析不同形状的聚能药包产生的不同结果，确定了适合岩石大块处理的聚能药包结构。叶文通等为了达到聚能爆破围岩切割平整和减小围岩损伤的目的，提出了聚能射流切割岩石的方式，研究了射流的形成过程及性能。许贵华和商登莹分别将聚能爆破技术应用到孤石的处理和煤层顶板弱化应用中。徐振洋结合多种研究手段对聚能爆破作用下岩石动力响应及劈裂机理进行了研究。陈伟开展了环状聚能装药结构爆破作用机理研究，将环状聚能装药结构爆破应用于深孔露天台阶爆破中。郭德勇等采用聚能爆破技术开展在煤层增透中的应用研究，针对不同聚能装药结构影响煤层增透的效果进行分析，并进行现场验证。李必红等提出了椭圆双极线型聚能药包装药结构，建立了椭圆双极线型聚能药包爆破力学模型，开展了聚能爆破侵彻试验，并将聚能爆破预裂技术应用在水电站岩石致裂中。吴波等基于ANSYS/LS-DYNA的SPH和ALE方法，分析了不同聚能管材料椭圆双极线型聚能药包爆破随锥角的变化规律，研究了外壳形状对聚能射流性能的影响。近些年，在隧道开挖和城市地铁建设中，为了减小周边环境的影响，降低保留岩体损伤，改善施工现场作业环境，针对爆破施工的要求愈加严格，在聚能定向控制爆破技术以及水压爆破的基础上，通过工程实践提出在隧道周边孔爆破中以聚能管代替传统药卷，并在炮孔底部和顶部放置水袋，炮孔口使用炮泥堵塞的聚能水压爆破技术，聚能水压爆破装药结构如图1-3所示，聚能装置1-1横截面如图1-4所示。

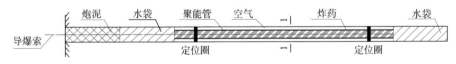

图1-3　聚能水压爆破装药结构图

大量工程实践表明，隧道聚能爆破技术特别是聚能水压爆破技术，具有降低对围岩的扰动、改善施工作业环境、防止出现超欠挖、提高炸药能量利用率等优点，属于绿色、环保施工技术，发展潜力巨大，具有非常重要的应用推广价值，许多学者也开始针对隧道聚能水压爆破方面进行研究，吴波等拟针对椭圆形聚能药包装药结构，通

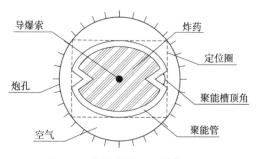

图1-4 聚能装置1-1横截面图

过数值模分析了聚能爆破射流形成机制，探讨了初始导向裂纹在聚能爆破作用下的形成影响因素，研究了聚能水压爆破作用下应力波的传播过程。宋鹏伟等对聚能水压光爆的围岩动力响应特性及光爆效果进行对比分析，开展了聚能水压光爆技术周边眼最优装药结构研究。虽然隧道聚能爆破技术在实际工程中已经得到成功应用，由于隧道聚能爆破技术发展时间短，目前对隧道聚能爆破技术的理论研究较少，聚能爆破技术及聚能水压爆破技术在隧道围岩中的作用机理尚不清晰，聚能不耦合装药结构、炮孔间距的确定及聚能装药轴向、径向不耦合系数等关键参数尚不明确，施工过程中存在较大的经验性，大大限制了该技术的发展和推广应用。

1.2.2 聚能爆破单孔裂纹动态演化规律研究

岩体爆破破坏的物理本质是爆生裂纹起裂和扩展的过程。聚能爆破产生聚能射流作用，在炮孔壁形成初始导向裂纹，初始导向裂纹在应力波以及爆生气体作用下获得持续扩展，形成定向径向裂纹。Proter等认为对于岩石的破坏主要来源于爆生气体准静压作用，爆轰过程产生高压气体，高压气体膨胀作用在周围岩体，当岩石的抗拉强度低于高压气体作用时，岩石单元失效破坏。Hagan等认为炸药爆炸产生裂纹，随后裂纹在爆生气体的"气楔作用"下不断扩展。Nilson等建立了单孔爆破力学分析模型，研究了裂纹在考虑爆生气体准静压下裂纹的开展，Paine等基于此单孔爆破力学分析模型提出了改进优化。高金石等基于当前岩石爆破成缝理论，建立了岩石受爆生气体作用的裂纹开展力学模型。赵新涛等针对不同装药结构爆生气体压力研究，建立了与堵塞物位移之间的关系，分析了爆生气体准静态压力作用下岩石的裂纹开展。何满潮等开展了爆破作用下岩体的裂纹开展过程研究，建立了爆破冲击波峰值应力计算方法。张志呈、肖正学等分析了控制爆破下岩石的裂纹开展规律，提出了在不同爆破方式以及不同装药结构下裂纹的起裂及扩展计算公式。梁洪达等得到岩体开裂是由于爆破应力波和爆生气体的共同作用导致的，当作用力超过岩体的抗拉强度时发生破坏。高魁等得到聚能爆破下聚能方向初始裂纹的开展长度远高于其他方向的裂纹，随后在爆生气体作用下得到持续开展，导致岩体破裂。左建平等开展了爆破应力波作用对于裂纹形成、扩展的影响研究。李夕兵等开展了Ⅰ型裂纹的起裂原理及应力强度因子变化规律研究。Li等发现岩石的应力状态对裂纹的扩展具有一定的影响，将会改变裂纹扩展的形式、走向及空间分布。陈景杰等提出了估算共线双裂纹应力强度因子的一种方法。Bonamy等针对剪切波对裂纹尖端的扰动进行了分析。Galybin等发现应力波形成局部应力平衡，导致裂纹与原来开裂方向发生偏离。费鸿禄等研究了爆破作用下的裂隙区范围，针对空气不耦合装药结构，提出了裂隙区半径的计算公式。国内外研究结果表明，在岩体的固有裂隙处，受到爆炸应力波作用会发生应力集中，在裂隙尖端处优先开裂，爆生气体作用下沿初始开裂方向扩展，因此聚能爆破在聚能射流形成初始导向裂纹后，初始裂纹受应力波作用及爆生气体作用，裂纹沿着聚能方向不断扩展。

试验研究是揭示爆破作用机理的重要研究方法之一，Dally、Rossmanith 和 Fourney 开展了动光弹试验下爆炸应力波作用对岩体裂纹尖端的开裂以及扩展规律的研究。Wilson通过理论分析结合试验，对爆生裂纹在应力波与爆生气体共同作用下的开展规律进行了研究。万琳辉等针对岩石双扭试件开展了试验研究，获得岩石应力强度因子与裂纹扩展速率之间的关系。Kawagishi等通用试验分析了不同形式的预制裂纹在起裂时的裂纹尖端参数变化规律。杨立云等通过焦散线试验，针对爆生主裂纹和翼裂纹在爆破荷载与地应力作用下的扩展规律进行了分析。王家来和徐颖对动静荷载作用下爆生裂纹开展过程进行了研究，提出了岩体在应变波持续作用下的累积损伤计算方法。Adachi等通过试验建立了岩石裂纹扩展随时间的变化之间的关系。Duvall等认为岩石破裂的主要因素是由反射拉伸波作用引起的。李玉民和倪芝芳认为先爆破孔的预应力作用和后爆破孔的拉应力作用叠加在炮孔连线上会产生初始裂纹，初始裂纹主要是在爆生气体的准静压下不断开展，从而达到孔间裂纹贯通。凌伟明和杨永琦通过对爆破作用裂纹的应力强度因子计算，分析了裂纹起裂、扩展的过程，得到裂纹的扩展后期主要是靠爆生气体的准静压作用，并分析了影响裂纹扩展的主要因素。吴德义针对半无限岩体在爆生气体准静压作用下的裂纹产生、扩展机理进行了研究，建立了岩体在爆生气体准静压下爆生裂纹产生、扩展的断裂力学模型，探讨了自由面对爆破作用下爆生裂纹开展的影响。卢文波和陶振宇开展了爆破作用下炮孔附近裂纹尖端的应力强度因子研究，分析了影响尖端应力强度因子的因素，认为裂纹在爆生气体下的开展过程主要包括稳定和间断扩展，并研究了裂纹在两个扩展阶段的速度变化规律。王家来和程玉生针对仅有爆生气体作用的岩石裂纹开展进行了研究，高压爆生气体通过机械方法获得，试验结果表明爆生气体的准静压破岩作用过程，揭示了在爆生气体准静压作用下岩体的拉伸破裂本质。Foumey等认为爆生裂纹的开展过程是由爆炸冲击波和爆生气体共同作用发生的，爆炸冲击波作用形成初始裂纹后，在爆生气体的准静态作用下得到进一步开展。宗琦认为爆炸冲击波作用导致产生粉碎区，应力波作用导致产生微裂隙区，爆生气体以准静态作用使岩石进一步破裂，岩石的破裂过程是三者共同作用的结果。孙晓明等认为单孔聚能爆破可以有效减少装药量，并采用试验分析确定了预裂爆破参数。

岩石爆破过程具有瞬时性、复杂性和危险性等特点，难以近距离观察、记录爆破过程，采用理论分析和试验研究难以描述岩石爆破应力波传播及裂纹开展过程。数值模拟研究具有经济、安全、高效、场地不限制等优势，能够完整地再现整个爆破过程，研究过程经济、方便，在工程爆破研究中发挥着重要的作用，同时取得了较好的社会、经济效益。何满潮等通过数值模拟方法研究了聚能爆破作用下应力场分布及岩石裂纹开展规律，揭示了双向聚能爆破岩石致裂作用机理。戴俊等进行了切缝爆破裂纹的开展规律研究，获得切缝宽度对爆破裂纹的影响关系，提出了切缝宽度的取值范围。李清等针对不同切槽深度和切槽角度对裂纹开展的影响进行了研究，建立了合适的切槽深度和切槽角度。李志宏针对地应力与爆破荷载作用下岩体的裂纹扩展过程进行了研究，认为爆生气体是裂纹扩展的主要原因。Ma和An通过ANSYS/LS-DYNA软件，针对聚能药包爆破岩石裂纹的形成与扩展规律进行了数值模拟分析。刘燕燕通过ANSYS/LS-DYNA软件开展了试件在聚能爆破下的致裂过程研究，分析了影响试件致裂效果的影响因素。林英松等通过有限元软件对试件在爆生气体准静压作用下的裂纹开展过程进行了研究，分析了爆生气体准静压下炮孔壁应力场分布及裂纹开展规律。杨建辉等采用数值模拟软件开展了切缝药包结构参数对爆破效果的影响，建立了单孔爆破计算模型，研究了切缝药包结构参数、耦合装药形式对岩石应力状态的影响。吴波等通过ANSYS/LS-DYNA软件开展了单孔聚能爆破初始裂纹形成及应力波传播过程研究，得到随炮孔距离变化岩体的应力分布特征。

1.2.3 聚能爆破围岩孔间裂纹贯通机理研究

在工程爆破中确保获得光滑平整的开挖轮廓线，减小爆破对围岩的损伤程度，防止超欠挖，孔间裂纹的动态扩展行为及贯通是关键。聚能爆破首先形成聚能射流侵彻炮孔壁而产生初始导向裂纹，裂纹尖端应力集中，优先起裂，初始裂纹在应力波和爆生气体膨胀共同作用下使得裂纹持续扩展，当沿炮孔径向炮孔中心连线上岩石单元的张拉应力都超过岩石的抗拉强度时，炮孔间形成贯通裂纹。李宁等通过理论分析，建立了动态接触界面模型，开展了爆生气体准静压作用下裂纹开展机理研究，得到弹性应力波作用对岩石劈裂形成的范围小，爆生气体的准静态作用是裂纹持续开展的主要动力，裂纹的开裂时刻与扩展速度决定着裂纹扩展的长度。黄涛等在流形元理论基础上，通过考虑裂纹扩展判据，应用二阶流形元理论开展了双孔爆破裂纹过程研究，揭示了爆破荷载作用下孔间裂纹开展规律及微差起爆对裂纹开展的影响。对于双孔或多孔爆破裂纹扩展贯通研究，炮孔间距的选取是爆破设计中的关键参数，针对炮孔间距的合理选取难题，时启鹏等基于切缝爆破成缝机理，建立了连孔爆破力学计算模型，在切缝管参数影响的基础上，分析了聚能爆破岩石裂纹扩展长度，提出了连孔聚能爆破孔间距计算方法。高玉兵等对比分析了传统爆破和聚能爆破下围岩响应规律，认为聚能爆破应力波作用在导向裂纹下侵彻岩体可形成定向裂纹，通过综合考虑装药量和孔间距达到孔间裂纹贯通。梁洪达等开展了连孔聚能爆破下应力波传播与裂纹演化过程，得到连孔聚能爆破下裂纹开展长度与单孔聚能爆破相比具有明显提升，认为连孔聚能爆破下应力波发生叠加作用，增强了切向拉应力作用，裂纹沿聚能方向延伸实现贯通。陈上元等通过建立聚能爆破力学分析模型，结合岩石破坏准则研究了爆生气体作用裂纹开展规律，确定了聚能爆破装药量和孔间距。Ma 等开展了切缝聚能爆破作用下裂纹开展规律及形态研究，分析了加载率、地应力以及自由面对裂纹开展的影响，得到裂纹的开展形态与加载率关系密切。罗勇等通过对聚能药包爆破作用岩石的初始裂纹形成、裂纹开展进行分析，得到聚能爆破首先由聚能射流侵彻炮孔壁形成初始导向裂纹，爆破能量在聚能方向集中促使岩石产生定向断裂。徐颖等分析了不耦合系数对裂纹开展的影响，得到采用不耦合装药结构时，不耦合系数与孔壁压力之间的关系，不耦合系数的逐渐变大导致孔壁峰值压力逐渐减小。赵志鹏等开展了双向聚能爆破作用下岩石裂纹开展规律研究，进行不同炮孔间距对裂纹扩展的分析，得到双向聚能爆破作用定向断裂效果明显，炮孔间应力波的叠加作用可以适当增大炮孔间距，确定形成裂纹贯通良好效果下的炮孔间距值。吴帅等开展了深孔预裂爆破下岩体在裂隙区的裂纹开展规律，建立了裂隙区计算方法，提出了基于裂隙区贯通的孔距确定方法，获得预裂爆破效果最佳下的炮孔间距。吴兆华等开展了深孔爆破下炮孔周围裂纹开展规律及裂隙区范围，确定了合理的炮孔间距，提高了煤矿开采效率。张袁娟等为了确定最佳炮孔间距，通过最大主应力分析建立了 4 种计算模型，确定了最佳炮孔间距。吕昌等针对不同间距的煤体进行了深孔预裂爆破分析，研究了控制孔与爆破孔不同间距下的裂纹演化规律，得到不同间距下裂纹形成数量，确定有效卸压半径。刘维信等基于岩石爆破理论，分析了炮孔间距、孔深及装药量与爆破效果之间的关系，设计了爆破方案，改进了爆破工艺。

焦散线实验方法测量精度高、设备简单，在研究爆破荷载作用下裂纹的开展及贯通特征具有一定的优越性。杨仁树等利用动态焦散线实验方法，分析了爆破荷载作用下裂纹的动态开展与预制裂纹的相互作用，对双孔爆破裂纹的扩展及贯通进行分析，得到影响动态应力强度因子变化规律的因素，揭示了裂纹开展特征与应力强度因子变化规律。岳中文等利用数字激光实验系统，分析了切缝爆破下炮孔间距对爆破裂纹的开展影响规律，得到炮孔间距较小时有利于裂纹的贯通，炮孔间距增加会导致裂纹偏转不再直线贯通，而是呈现"牵手状"，主裂纹在相遇区表现出明显的波动特征。贾腾等建立了深孔预裂爆破影响范围模型，设计了不同工况方案开展不同的炮孔间距对预裂爆破效果的影响研究，分析了不同炮孔间距爆破裂纹扩展形态及孔壁振速和位移，确定了合理的炮孔间距。李汉坤分析了不耦合系数及炮孔间距对裂纹扩展的影响规律，得到不耦合系数为1.5、孔间距为2.7~3.3m时爆破效果最佳。Holloway采用全息干涉法试验分析了双孔爆破裂纹开展位移特征，确定了爆破位移峰值变化区域。岳中文等采用动态焦散线实验方法开展了切缝药包同时起爆与微差起爆下裂纹开展、孔间贯通规律研究，得到双孔聚能切缝爆破同时起爆定向裂纹形成质量比微差起爆好，爆炸应力波与爆生运动裂纹相互作用对裂纹的扩展速度和尖端应力强度因子具有一定的影响。李清等通过数字激光动态焦散线系统开展了不同装药量双孔切缝爆破裂纹开展规律研究，认为切缝爆破下拉伸断裂是造成岩石破坏的主要方式，分析了爆破主裂纹与分支裂纹响应特征，获得爆破主裂纹、分支裂纹与预制裂纹间运动规律。王雁冰等通过试验分析了缺陷裂纹对双孔爆破裂纹开展的影响，获得裂纹尖端应力强度因子随爆生裂纹的速度、扩展路径、角度之间的变化趋势。岳中文等通过试验研究了双孔切槽爆破下裂纹开展与空孔之间的相互作用，受空孔影响，切槽爆破主裂纹呈现弯曲开展，空孔处出现两条翼裂纹，最终翼裂纹与主裂纹之间形成贯通。杨仁树等开展了有机玻璃模型实验，分析了微差爆破下裂纹开展特征，发现了爆生裂纹扩展速度、角度及应力强度因子变化规律，认为多孔微差切槽并排爆破会影响主裂纹沿预定方向贯通。Cho等通过有机玻璃模型实验开展了空孔对不同爆破下裂纹扩展的影响研究，建立了断裂能和爆生裂纹扩展之间的关系。张志雄等采用砂浆模型试验开展了切缝药包结构参数和不耦合系数对裂纹开展的影响研究，提出了爆破参数方案设计，并对爆破参数的适用性进行了验证。Bhandari 和 Badal 开展了均质岩体与节理岩体多炮孔爆破对比试验研究。张志呈开展了大理石双孔爆破试验，分析了岩石破裂过程中应力波和爆生气体作用，认为裂纹的开展主要来源于爆生气体的准静压作用，分析了不同装药结构孔壁压力特征，阐述了聚能爆破裂纹贯通机理。龚敏等采用新型全息动光弹研究了双孔预裂爆破下应力波传播叠加过程，并对炮孔底部采用加强装药下的应力波分布进行了分析。朱振海等、杨永琦等通过动光弹实验方法对邻孔时差爆破应力波的传播及裂纹开展规律进行了研究，认为在先起爆孔附近设置导向孔，选择合适的起爆时差可以获得最佳炮孔间距。沈世伟等开展了节理、缺陷条件下双孔爆破裂纹扩展行为研究，得到爆生主裂纹与衍生裂纹呈"勾连"形式贯通，预制裂隙倾斜角度影响了破坏面积。谢华刚等利用相似模拟实验对复合型切缝爆破岩体开裂机理进行了研究，得到孔壁岩体应力分布，切缝方向应力最大，认为可以采用微差起爆方法获得煤层裂隙连通网络。郭洋等通过试验分析了条形药包爆破下不同角度预制贯通裂纹的扩展行为，得到预制贯通裂纹两端应力分布特征。Yang 等通过动态焦散线试验开展了孔间爆生裂纹的扩展过程，分析了不同切槽角度、深度等因素的影响，揭示了裂纹的延伸、贯通机理。

数值模拟分析不仅可以真实地再现工程爆破领域应力波传播及孔间裂纹扩展、贯通过程，揭示爆破岩石破裂作用机理，解决在爆炸研究领域室内试验难以解决的问题，而且具有高效、经济、不受试验场地限制等优势，在开展工程爆破研究中得到广泛应用。李新平等利用数值模拟分析了不同装药结构及孔间距对预裂爆破的影响，得到过小的不耦合系数对岩体造成的损伤大，不耦合系数过大难以使裂纹达到贯通，并确定最佳不耦合系数及合理的炮孔间距。戴俊等基于 LS-DYNA 软件开展了双孔爆破作用下裂纹开展规律研究，结合理论确定了合理的炮孔间距范围。Zhao 等建立了层理岩体爆破数值计算模型，研究了爆破应力波传播及起爆时差对裂纹开展的影响。宋彦琦等通过 LS-DYNA 软件建立了多孔聚能爆破模型，分析了聚能射流的形成及应力波的传播特征，研究了多孔聚能爆破不同炮孔间距岩体应力场分布。何满潮等通过 LS-DYNA 建立了切缝聚能爆破分析模型，建立了最优炮孔间距。Yi 等通过数值模拟分析了双孔微差爆破应力波传播过程，认为起爆时差会对裂纹贯通产生影响，降低孔间成缝质量。郭德勇等建立了双孔聚能爆破数值分析模型，分析了双孔聚能爆破、双孔聚能微差爆破下应力波传播及岩体应力场分布特征及孔间裂纹贯通规律。岳中文等通过数值模拟分析了炮孔间距对切缝爆破爆生裂纹开展的影响，得到炮孔间距会对应力强度因子、裂纹扩展速度及应力分布造成一定的影响，当炮孔间距较小时有助于裂纹的定向扩展贯通。王渝等开展了切缝爆破技术在硬岩巷道的适用性研究，建立了双孔爆破数值模型，并与传统爆破进行对比，进行了现场试验验证。谢冰等采用 AUTODYN 软件模拟了预裂爆破裂纹扩展过程，发现当炮孔间距较小时炮孔间形成平直的贯通裂纹，当孔间距过大时出现随机分岔裂纹。

1.3　存在的主要问题

从国内外研究现状可以看出，近年来学者们针对聚能爆破岩石致裂破坏机理开展了大量的研究，虽然在聚能爆破作用下聚能药包结构参数的优化、聚能射流的形成、岩石初始裂纹的形成、爆生裂纹的扩展、贯通以及聚能爆破工程应用等方面取得了一定的进展，但仍存在如下问题亟须解决：

（1）聚能装药结构是影响聚能爆破围岩裂纹开展效果的关键因素，目前对隧道施工中推广应用的椭圆双向线型结构聚能爆破的研究十分有限，而椭圆双向线型聚能装药起爆后聚能罩的压垮运移机制、聚能射流的形成效果、爆炸应力波的传播过程、围岩应力场分布、压碎区和裂隙区的形成机制与范围是分析聚能爆破破岩机理的基础，亟待研究确定。

（2）单孔聚能爆破应力波传播及裂纹动态演化规律是研究隧道聚能爆破破岩机理的前提，聚能爆破初始裂纹形成过程、聚能爆破径向不耦合系数、聚能水压爆破不同装药结构、聚能水压爆破轴向不耦合系数等是聚能爆破裂纹开展的重要影响因素，亟待研究确定。

（3）隧道聚能爆破致裂围岩的关键是孔间裂纹的贯通，探究双孔聚能爆破起爆过程中应力波传播规律、有效应力分布特征、孔间裂纹贯通机制具有重要的科学意义和实用价值，但是已有研究大多针对单孔爆破，而对双孔爆破的研究十分有限，难以满足工程需要。

（4）隧道聚能爆破主要针对多孔起爆，爆破孔间的相互影响作用、炮孔间距的确定、起爆时差的影响等因素决定着隧道周边形成光滑平整开挖面的效果，目前研究工作鲜有关于多孔聚能爆破特别是隧道周边孔聚能爆破相互影响方面的研究，有待进一步研究予以明确。

1.4 研究内容及技术路线

本书针对隧道聚能爆破理论研究滞后于工程实践的现状，围绕聚能爆破作用破岩原理、单孔聚能爆破围岩裂纹动态演化规律、聚能爆破围岩孔间裂纹贯通机理和隧道周边多孔聚能爆破光滑平整开挖面形成机制，采用理论分析、模型试验、数值模拟和工程实践等综合手段，分析聚能装药结构作用原理及围岩致裂范围，研究聚能装药结构参数对聚能射流性能的影响，探索单孔聚能爆破围岩初始裂纹形成机理、应力波传播过程及裂纹动态演化规律，揭示聚能爆破孔间裂纹贯通机制，取得椭圆双向线型聚能装药结构最优参数、聚能爆破炮孔最优不耦合装药结构系数、聚能爆破围岩裂纹扩展方向和裂纹长度、最大炮孔间距等创新成果，为应用和推广隧道聚能爆破技术提供基础理论和方法。主要研究内容如下：

（1）聚能装药结构作用原理及聚能爆破围岩致裂范围

通过爆炸力学、爆轰理论和冲击动力学等理论知识分析椭圆双向线型聚能装药结构爆轰波和爆炸应力波的传播规律，爆轰能量的分布特征，聚能罩的压垮、运移及聚能射流的形成机制，揭示聚能射流对岩体的侵彻效应，研究聚能爆破过程中围岩压碎区、裂隙区的形成机制与范围，探讨聚能爆破荷载下围岩裂纹的分布特征，构建围岩聚能爆破致裂力学模型。

（2）单孔聚能爆破应力波传播过程及裂纹动态演化规律研究

采用理论分析、模型试验、数值模拟等综合研究手段，分析单孔聚能爆破应力波传播过程及裂纹动态演化特征，基于机器学习方法对聚能药包结构进行参数优化，得到最佳装药结构参数，研究径向不耦合系数对裂纹开展特征的影响，构建单孔聚能水压爆破力学分析模型，研究单孔聚能水压爆破围岩应力场、孔壁压力分布及裂纹开展演化规律，分析轴向不耦合系数对裂纹开展特征的影响，揭示单孔聚能爆破裂纹动态演化机制。

（3）双孔聚能爆破应力波传播过程及裂纹贯通机制研究

在单孔聚能爆破研究基础上，建立双孔聚能爆破力学分析模型，综合采用理论分析、数值模拟，对比分析双孔聚能爆破和双孔传统爆破作用下爆炸应力波传播特征、围岩力学性质和爆生裂纹扩展贯通特征差异，研究不同炮孔间距、不同微差时间孔间裂纹贯通规律，获取双孔聚能爆破裂纹贯通最大炮孔间距，揭示双孔聚能爆破裂纹贯通机制。

（4）隧道周边多孔聚能爆破裂纹扩展贯通机制及应用研究

在双孔聚能爆破研究基础上，建立多孔聚能爆破和多孔传统爆破分析模型，开展多孔聚能爆破与多孔传统爆破对比分析，研究多孔爆破应力波传播及裂纹开展贯通特征，基于工程实际，建立周边孔聚能爆破分析模型，并与工程实际爆破效果进行对比验证，进一步优化聚能爆破技术在隧道周边孔中的应用。

根据以上研究内容，综合运用4种研究手段，递进开展3部分研究内容，形成3个主要研究目标，制定本书的技术路线，如图1-5所示。

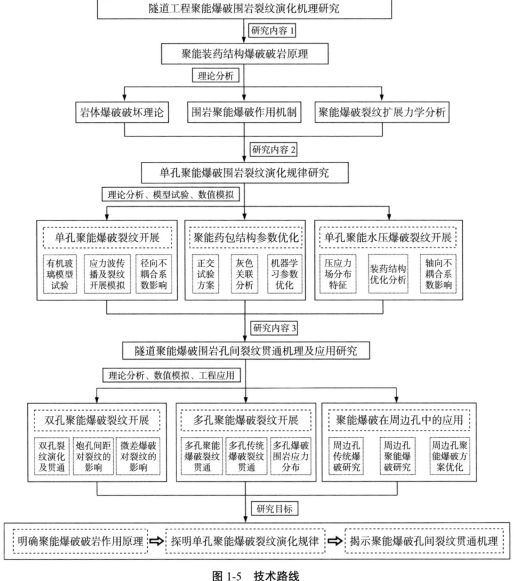

图1-5　技术路线

围绕隧道工程聚能爆破围岩裂纹演化机理，首先，通过理论分析聚能装药结构爆破破岩作用原理，研究聚能装药结构爆轰波和爆炸应力波传播特征，明确聚能爆破围岩裂隙分区，建立聚能装药结构力学模型，揭示聚能爆破围岩体裂纹扩展力学机理。其次，通过模型试验和数值模拟进行单孔聚能爆破围岩裂纹动态演化规律研究，揭示单孔聚能爆破应力波传播及裂纹动态演化特征，明确径向不耦合系数对裂纹开展的影响，通过设计正交试验，采用灰色关联分析，应用机器学习方法进行聚能药包结构参数优化，通过模型试验和数值模拟开展单孔聚能水压爆破裂纹研究，明晰聚能水压爆破应力场分布特征，揭示不同装药结构对裂纹开展的影响，建立最优装药结构，获得最佳轴向不耦合系数。最后，开展聚能爆破围岩孔间裂纹贯通机制研究，揭示双孔聚能爆破裂纹演化及贯通规律，明确炮孔间距、起爆时差对裂纹开展的影响，对比分析多孔聚能爆破与多孔传统爆破孔间裂纹贯通规律，并将聚能爆破技术应用到隧道周边孔爆破工程实际中，提出优化方案，促进隧道聚能爆破技术推广应用。

1.5　本章小结

本章在分析我国隧道工程聚能爆破技术应用状况及前景的基础上，探讨了制约隧道光面爆破的主要因素，阐述了研究目的及意义，总结概述了国内外聚能爆破技术的研究历程，系统分析了聚能爆破围岩裂纹开展在理论分析、模型试验、数值模拟和工程应用等方面的研究进展，归纳总结了隧道聚能爆破技术存在的主要问题，并在此基础上提出了主要研究内容及技术路线。

CHAPTER 2 第 2 章

隧道聚能装药爆破破岩原理

本章首先通过传统爆破岩石破坏理论分析，阐明爆破作用下爆轰波衰减规律及破岩机制，对聚能装药的作用原理、聚能爆破作用下致裂围岩的作用过程以及聚能爆破下围岩裂纹的开展范围进行研究，建立椭圆形聚能装药爆破力学分析模型，揭示围岩在聚能爆破作用不同阶段的裂纹扩展力学机制，通过理论分析得到在不同阶段下裂纹扩展方向和开展长度。

2.1 炸药理论基础

爆炸问题可分为3大类：物理爆炸、炸药化学爆炸以及核聚变裂变核爆炸。工程爆破主要涉及炸药化学爆炸问题，炸药化学爆炸是指在炸药爆炸过程中，发生化学反应，生成新的物质的同时释放大量的爆炸能。炸药本身是相对稳定的，只有在外界一定的干扰下，化学爆炸反应才有可能发生，常见的炸药有乳化炸药、B炸药、太安炸药、TNT炸药、黑索金炸药等。

化学爆炸不同于普通的化学反应，具有反应速度快、热能大及生成大量气体等特征，不同于燃烧型或者缓慢分解型的化学反应，它是化学反应的最高形式。常规的化学反应速度相对于爆炸反应速度较慢，产生的能量密度相对较低，而化学爆炸产生的能量密度是常规化学反应的数百倍甚至上千倍。从物理学的角度分析，化学爆炸发生能量的转变，从炸药的内能转变为爆炸热能，再作用于介质转化为机械能，释放大量的能量。化学反应放热是普遍的现象，大量放热的化学反应又不一定是化学爆炸，但化学爆炸一定会释放大量的能量。此外爆炸伴随着能量释放的同时还会生成大量的气体产物，能量存储于气体产物之中，转变为气体的内能和动能，同样产生大量气体的化学反应也不一定是化学爆炸，但化学爆炸一定会产生大量的化学气体。

2.1.1 炸药爆轰理论基础

炸药爆炸是一种"三高"高速、高温、高压的化学反应，并且以冲击波的形式向外传播，当传播速度稳定则称为爆轰波，传播速度不稳定则统称为爆炸波。工程上往往利用炸药的爆轰实现对外作用，达到预定的破坏效果。同时炸药的爆轰过程是非常复杂的，经过人们的长期研究提出了在炸药爆轰过程中各种各样的爆轰模型，其中普遍认可的有C-J爆轰模型和ZND爆轰模型。下面主要对这两种爆轰理论进行简要介绍。

（1）C-J 爆轰模型

C-J 爆轰模型是 20 世纪初由 Chapman 和 Jouguet 分别提出的爆轰波流体力学理论，该模型基于流体动力学理论，利用动量守恒、能量守恒以及质量守恒研究爆轰波的传播。该模型对炸药爆轰过程做如下假设：

1）假设爆炸是瞬时完成的，不考虑爆炸所发生的化学反应过程及化学动力学过程，爆轰波是炸药与爆炸产物的无厚度分界面；

2）爆轰波阵面为一维冲击波且以恒定速度向外传播；

3）爆轰波阵面后介质的传播速度等于微小扰动传播速度与质点相对爆轰波动速度。

C-J 爆轰模型中不考虑爆炸过程的能量耗散问题，将爆轰波面简化为无厚度的前沿状态面，波阵面向前稳定传播，其模型简图如图 2-1 所示，图中 $\rho_0(\rho)$、$p_0(p)$、$v_0(v)$、$T_0(T)$、$e_0(e)$ 分别表示炸药爆炸前后状态的密度、压力、速度、温度和比内能。

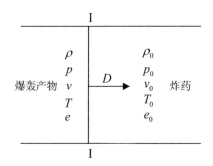

图 2-1　C-J 爆轰模型

C-J 爆轰理论亦可称为炸药爆轰的流体动力学理论，该理论可以定性地解释爆炸冲击波的物理现象，建立炸药爆轰参数的计算公式。把爆轰过程简单近似为伴随化学反应的冲击波过程，再基于以上假设，可以得出爆轰波阵面上的质量、动量、能量三大守恒方程如下：

$$\rho_0(D-v_0) = \rho(D-v) = m \tag{2-1}$$

$$p - p_0 = \rho_0(D-v_0)^2 - \rho(D-v)^2 = m(v-v_0) \tag{2-2}$$

$$(D-v)\left[\rho e + \tfrac{1}{2}m(D-v) + p\right] = (D-v_0)\left[\rho_0 e_0 + \tfrac{1}{2}m(D-v_0) + p_0 + \rho_0 Q_0\right] \tag{2-3}$$

式中，Q_0 为单位质量炸药爆轰所产生的爆炸能。式（2-3）右边各项分别表示炸药初始状态的内能、动能、压力位能以及单位时间爆轰释放的能量，等式左边各项分别表示爆轰产物的内能、动能及压力位能。

爆轰波前质点速度 $v_0=0$，压力 $p_0=0$，由式（2-1）和式（2-2）可将爆轰波的速度表示为：

$$D = V_0\sqrt{(p-p_0)/(V_0-V)} \qquad (2\text{-}4)$$

式中，V_0、V 分别表示炸药和爆轰产物的质量体积，数值为炸药和爆轰产物密度的倒数。

将式（2-4）进行转换即可得到：

$$p - p_0 = -\frac{D^2}{V_0^2}(V-V_0) \qquad (2\text{-}5)$$

式（2-4）表示 Rayleigh 曲线，它表示以炸药初始状态为起点向外发出的波速线。同一条波速线表示初始状态一样但通过不同的介质之后到达的终点状态是不一样的冲击波速，不同的波速线表示不同的冲击波速，反应后状态也不相同。

同理，将式（2-1）、式（2-2）和式（2-4）代入式（2-3），整理后可得爆轰波能量方程为：

$$e - e_0 = (p+p_0)(V_0-V)/2 + Q_0 \qquad (2\text{-}6)$$

式（2-6）表示一条经过初始状态点的双曲线，称为 Hugoniot 曲线或者冲击绝热线。由于爆轰波是伴随着化学反应的冲击波，爆轰过程出现能量的释放过程，而冲击波则没有能量的释放过程，故可由式（2-6）得出冲击波的能量方程：

$$e - e_0 = (p+p_0)(V_0-V)/2 \qquad (2\text{-}7)$$

式（2-7）也表示一条经过初始状态点的双曲线，称为冲击波的 Hugoniot 曲线。它表示不同速度的冲击波由同一初始状态出发向同一介质传播到达终点状态的连线。

（2）ZND 爆轰模型

C-J 爆轰模型虽然能定性解释炸药爆轰的物理现象，但是实际炸药爆炸过程中必然存在一定的化学反应带，简化模型理论不能真实地反映炸药爆炸的真实过程，使得理论与试验结果存在较大的偏差。为提高炸药爆轰理论的认识，人们不断在理论和试验中摸索，终于在 20 世纪 40 年代，Zel Dovice、Von Neumann 和 Doring 对 C-J 爆轰模型进行修正，分别提出了 ZND 爆轰模型。与 C-J 模型不同，ZND 爆轰模型爆轰波由前沿状态强间断波和紧随强间断波其后的化学反应区组成，它考虑了炸药爆炸中化学反应区对爆炸的影响，如图 2-2 所示。

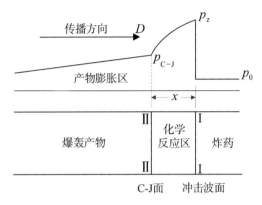

图 2-2　ZND 爆轰模型

在冲击波面前端，炸药受到强烈压缩，从而由初始状态到达压力最大状态，同时激起化学反应的发生。紧随冲击波后为化学反应区，可以理解该区域为炸药爆炸的中间产物，介质的热力学参数并不一致，但统计值波动范围不大，该区域的传播速度近似为爆轰波前沿状态冲击波传播速度。随着化学反应的不断进行，爆轰压力不断衰减，当化学反应区结束时，所对应的压力即为 C-J 压力，此时放出最大的热量。C-J 面后化学反应完全，爆轰产物等熵膨胀，爆轰压力缓缓下降。

ZND 爆轰模型虽不能完全准确地描述炸药的整个实际爆炸过程，但是较 C-J 爆轰模型更加真实一些，同时可以定量地分析爆炸的反应区结构。ZND 爆轰模型对研究炸药爆轰波的传播规律和物理本质具有重要的理论指导意义。

2.1.2　水压爆轰理论基础

炸药在炮孔水介质中爆破后，炸药产生的爆轰产物会冲击挤压水介质从而产生水中冲击波，同时爆轰产物在水介质中传播时，由于水介质的密度较大会产生反射稀疏波。水中爆轰过程较为复杂，为了简化水中爆轰过程的计算，可将水中爆轰波的传播过程视为在一维平面稳定进行。如图 2-3 所示，ρ_{w0}、p_{w0}、u_{w0} 分别为水介质初始时间段的密度、压力、速度；ρ_{w1}、p_{w1}、u_{w1} 分别为水介质处于爆轰产物和水介质界面处的密度、压力、速度；ρ_0、p_0、u_0 分别为炸药冲击波初始时间段的密度、压力、速度，ρ_{01}、p_{01}、u_{01} 为界面处爆轰产物状态，依据三大守恒定律可得：

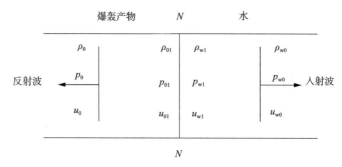

图 2-3 水中冲击波模型

质量守恒定律：

$$\rho_{w1}(D_w - u_{w1}) = \rho_{w0}D_w \qquad (2-8)$$

动量守恒定律：

$$E_w - E_0 = 1/2(p_{w0} + p_{w1})\left(\frac{1}{\rho_{w0}} - \frac{1}{\rho_{w1}}\right) \qquad (2-9)$$

能量守恒方程：

$$E_w - E_0 = 1/2(p_{w0} + p_{w1})\left(\frac{1}{\rho_{w0}} - \frac{1}{\rho_{w1}}\right) \qquad (2-10)$$

式中，D_w 为水介质中冲击波速度；E_0、E_w 代表爆轰波传播扰动水介质的初始能量以及波后能量。

为了对上述方程组进行求解，还需考虑水介质的影响，可采用 Bridgman 经验公式表征水介质的状态方程：

$$\frac{p+\alpha}{p^*} = \left(\frac{\rho}{\rho^*}\right)^{x(s)} \qquad (2-11)$$

式中，$\alpha = 5400 \text{kgf/cm}^2$；$p^* = 9.12 \times 10^4 \text{kgf/cm}^2$；$\rho = 2.53 \text{g/cm}^3$；$x(s)$ 为系统熵值相关的参数，其值伴随着爆炸冲击波的强度而定。

依据爆轰产物一维流动的基本理论：

$$du = -\frac{2}{\gamma-1}dc \qquad (2-12)$$

对式（2-12）进行积分并且联立可得：

$$u_x = \frac{D}{\gamma+1}\left\{1 + \frac{2\gamma}{\gamma-1}\left[1 - \left(\frac{p_x}{p_{w1}}\right)^{\frac{\gamma-1}{2\gamma}}\right]\right\} \qquad (2-13)$$

式中，D 为炸药爆速；p_x 代表界面处水的冲击波压力；γ 为爆轰产物的膨胀绝热指数，$\gamma=3$。

对式（2-13）进行代入变换可得：

$$u_x = D\left[1 - \frac{3}{4}\left(\frac{p_x}{p_{w1}}\right)^{\frac{1}{3}}\right] \tag{2-14}$$

在炸药爆炸之前水介质的速度 $u_{w0}=0$，可得冲击波阵面水体速度为：

$$u_m = \sqrt{(p_m - p_{w0})\left(\frac{1}{\rho_{w0}} - \frac{1}{\rho_m}\right)} \tag{2-15}$$

依据爆轰界面连续理论：

$$p_x = p_m,\ u_x = u_m \tag{2-16}$$

经过大量的实验测试分析，水中的冲击绝热方程为：

$$D_w = 1.483 + 25.306 \lg\left(1 + \frac{u_m}{5.190}\right) \tag{2-17}$$

式中，D_w 代表水介质中冲击波阵面的速度。

从而可以推导得到水介质中冲击波动量方程为：

$$p_m = \rho_{w0} D_w u_m \tag{2-18}$$

将式（2-18）代入式（2-17）得：

$$p_m = \rho_{w0}\left[1.483 + 25.306 \lg\left(1 + \frac{u_m}{5.190}\right)\right]u_m \tag{2-19}$$

水中冲击波的初始参数可通过式（2-19）推导得出。表 2-1 为 TNT 炸药装填情况下，对比计算了空气介质中爆炸和水介质中爆炸的初始参数。

TNT 炸药爆炸后的初始冲击波参数　　　　表 2-1

介质	炸药密度（g/cm³）	爆轰波速度（m/s）	冲击波阵面上的介质密度（g/cm³）	冲击波阵面质点速度（m/s）	冲击波阵面内能增量（MJ/kg）	冲击波阵面压力（MPa）	冲击波速度（m/s）
空中	1.6	7000	1.57	6450	1.192	57	7100
水中	1.6	7000	1.57	2185	2.380	13600	6100

通过表 2-1 可得，相同的炸药在水中和空气中的爆炸产生的初始冲击波参数具有一定的区别。在同等药量爆炸情况下，空气中冲击波面质点速度远远大于水中爆破，

这是由于水介质的密度大于空气，导致水中爆轰产物速度受到一定的抑制，与此同时空气介质中冲击波速度略大于水介质，说明水介质中炸药产生的能量主要通过挤压水介质从而进行传递，应力波传播速度相较于空气介质下应力波传播速度下降不明显。水中爆破后爆轰波产生的冲击波阵面压力远远高于在空气中产生的阵面压力，水中爆破冲击波阵面的内能增量也达到空中爆破的两倍，充分证明了水介质能够提高炸药能量的利用率，减少了在空气介质中冲击波传播过程内的强度衰减过快的问题，极大地增强了爆破破岩效率。

2.2　岩体爆破破坏理论

炸药爆炸产生爆轰产物，爆轰产物作用岩体过程极其复杂，首先与岩体发生作用，在炮孔附近激起冲击波，冲击波在岩体中不断传播衰减成应力波作用，应力波在岩体中不断传播衰减为地震波，爆轰波在岩体中的传播衰减演变如图 2-4 所示。由于不同形式的爆炸应力波在岩体中传播时的应力幅值和频率各不相同，在岩体中传播时的衰减规律和对岩体的作用范围也会存在差异。传统爆破爆轰波作用在岩石附近首先形成冲击波，冲击波在炮孔周围的作用范围一般为装药半径 R_0 的 3～7 倍，由于爆炸冲击波作用远大于岩体的抗压强度，从而造成岩体的粉碎状态。而应力波在炮孔周围的作用范围一般为装药半径 R_0 的 120～150 倍，岩体以拉伸和剪切断裂为主，形成裂隙区。随着应力波在传播中的能量消耗逐渐衰减为地震波，虽然作用范围广，但已不能对岩体造成破坏。

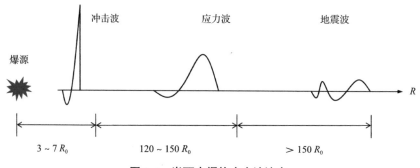

图 2-4　岩石中爆炸应力波演变

由于炸药爆炸本身的复杂性以及被爆岩体的多样性、环境的多变性，对于岩体爆破机理的研究依然是国际热点、难点问题，关于岩体爆破破坏理论还不够完善，亟待开展相关研究。

2.2.1 爆破破岩作用机理

针对岩石爆破破坏作用机理，目前主要有以下3种观点：

（1）应力波破岩机制

应力波破岩理论观点认为炸药爆炸爆轰对炮孔壁周围岩体作用，由于作用力远大于岩体的抗压强度，导致在炮孔周围岩体发生粉碎破坏，冲击波在岩体中不断传播衰减成应力波作用，无法使岩体发生粉碎破坏。在应力波作用下，岩体主要受径向压力作用，引起岩体环向受拉，当作用力高于岩体的抗拉强度将导致岩体受拉破坏，产生径向裂纹。应力波在岩体中不断传播衰减为地震波，地震波作用下很难造成岩体的破裂，当到达较远处的自由面时，将会发生反射作用，生成的反射拉伸波作用造成平行于自由表面裂纹，若炮孔周围受反射拉伸波作用产生径向拉应力，则会产生环向裂纹。

应力波破岩理论对于爆破岩体形成粉碎区和径向、环向裂纹发育区作出了较好的解释，对于远区自由面的平行裂隙和破坏也能给出依据，但应力波破岩观点还有较多不足之处，如未能解释远区自由面破裂时，反射拉伸应力波作用下并没有达到岩体的抗拉强度而形成破坏。

（2）爆生气体破岩机制

爆生气体破岩观点认为爆炸产生爆生气体，爆生气体中集聚了较多的能量，冲击波能量属于其中的小部分，且冲击波能量作用时间短、能量低不足以造成岩体的粉碎。造成岩体粉碎及裂隙发育主要来源于爆生气体的准静态作用。爆炸过程生成爆轰产物膨胀作用对炮孔周围岩体作用，爆轰产物作用使岩体发生质点径向位移，激发径向压应力使环向受拉作用，在环向拉应力下岩体形成径向裂纹，在爆生气体的"气楔作用"下裂纹得到持续开展。对于自由面岩体的破坏，由于自由面方向受到的阻力小，引起质点位移幅值高，引起较强剪切应力而造成岩体发生剪切破坏。

爆生气体破岩理论对于作用在炮孔周围造成粉碎及裂隙的发育作出了较好的解释，对于自由面岩体的破坏现象给出了力学分析，但爆生气体破岩理论依然无法解释工程爆破中露天爆破下岩体的粉碎破裂现象，也没有将冲击波作用造成的破坏一起考虑。

（3）应力波和爆生气体共同作用机制

应力波和爆生气体共同作用观点认为造成岩体破裂是由二者综合产生的结果，爆轰过程冲击波作用造成岩体粉碎并形成初始裂纹，然后在爆生气体准静压下裂纹得到持续扩展，而反射拉伸波作用促进了原有裂纹的开展。应力波和爆生气体破岩观点综合考虑了二者的不同作用，可以解释应力波造成岩体破坏观点和爆生气体造成岩体破坏观点中存在的不足，试验研究和工程实践均证明该观点与实际相符，实质是在应力波下岩石产生裂纹，爆生气体作用下致使裂纹持续扩展。

2.2.2 不同条件岩体爆破作用

（1）无限岩体爆炸作用

无限岩体爆炸作用不同于临近自由面爆炸作用，无限岩体爆炸作用主要是以炮孔附近岩体为中心向外受到不同程度的破坏，爆炸荷载仅作用于介质内部，比如工程中深孔煤层增透爆破可类似于圆柱形药包在无限岩体的爆炸作用。

无限岩体爆炸作用破坏范围可以分为压碎区、裂隙区和震动区，无限岩体爆破示意图如图 2-5 所示。当爆轰波作用于炮孔壁时引起冲击波作用，冲击波荷载远大于岩石的动态抗压强度，在冲击波作用下，炮孔壁附近的岩体发生粉碎形成压碎区，同时爆炸消耗了大量的爆炸能，冲击波迅速衰减，直至不足以粉碎岩石。由于冲击波迅速衰减，压碎区的范围相对较小，一般仅为炮孔半径的 3~7 倍。为充分利用爆炸能量实现预定破坏，增大炮孔半径实现入射冲击波值较小可减小冲击波作用范围，从而减小压碎区范围。

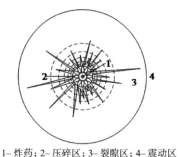
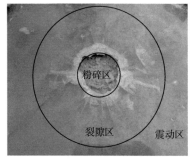

1- 炸药；2- 压碎区；3- 裂隙区；4- 震动区

（a）爆炸示意图　　　　　　　（b）有机玻璃试验图

图 2-5　无限岩体爆破示意图

在压碎区之外为裂隙发育区，随着冲击波的不断衰减，冲击波小于岩石的动态抗压强度不足以粉碎岩石，但是冲击波衰减为应力波之后继续作用于岩石引起径向压应力和环向拉应力，岩石的抗拉强度远低于抗压强度，当岩石的抗拉强度低于环向拉应力时,开始出现径向裂纹。随着应力波不断向前传播,之前存储于岩体介质的弹性压缩能开始释放出来,从而引起沿炮孔中心的反向拉伸波作用,当该值大于岩石的抗拉强度时,出现环向裂纹。由于不同位置岩体的强度及其受到的应力不同,岩体质点的位移不同,引起径向环向剪切应力,当其值大于岩石的抗剪强度时,引起径向环向相互交错的剪切裂纹。与此同时,爆生气体不断膨胀潜入已开展的裂隙中,进一步促进径向、环向裂纹的发展,最终形成一定范围的裂隙发育区,其作用范围相对较大。

应力波不断向前传播,爆生气体不断膨胀,应力波峰值和爆生气体准静态作用强度不断减小,当爆炸荷载在岩石中引起的拉应力和剪应力不足以使岩石发生拉伸破坏或者剪切破坏时,岩体内质点只发生弹性震动,其震动强度随着传播距离的增加而减小。震动区的作用范围相对压碎区和裂隙区大得多,往往在工程爆破中造成累积损伤效应,对除爆破工程之外的保护体产生各种隐蔽风险,工程中可采取相应措施以达到减震的目的。

由于爆炸载荷值可以基于理论分析求出,从而可以从理论上分析作用于炮孔壁上的荷载值,根据不同破坏区的特点,可以从理论上计算出各个破坏区的作用范围。

由于装药结构形式不同,作用于炮孔壁上的荷载值理论计算不同,这里假设爆炸荷载作用于炮孔壁引起岩石中透射冲击波值为 p,冲击波向外不断传播其强度不断衰减,岩石中一点的应力状态可以表示为:

$$\sigma_r = p(\bar{r})^{-/\alpha} \tag{2-20}$$

$$\sigma_\theta = -b\sigma_r \tag{2-21}$$

式中,σ_r、σ_θ 分别表示岩石中一点的径向应力和切向应力;$\bar{r}$ 为一点到炮孔中心的距离与炮孔半径的比值,$\bar{r}=r/r_0$;α 为冲击波衰减指数,$\alpha=2\pm\mu_d/(1-\mu_d)$,在冲击波阶段取正值,在应力波阶段取负值;$b$ 为侧向应力系数,$b=\mu_d/(1-\mu_d)$;μ_d 为岩石的泊松比。

为简化分析过程,将问题简化为平面应变问题,则轴向应力可表示为:

$$\sigma_z = \mu_d(\sigma_r + \sigma_\theta) = \mu_d(1-b)\sigma_r \tag{2-22}$$

故岩石中任意一点的 Von Mises 应力强度可表示为:

$$\sigma_i = \frac{1}{\sqrt{2}}\left[(\sigma_r-\sigma_\theta)^2 + (\sigma_\theta-\sigma_z)^2 + (\sigma_z-\sigma_r)^2\right]^{\frac{1}{2}} \tag{2-23}$$

根据压碎区和裂隙区特点以及 Mises 准则,岩石破坏的条件可以表示为:

$$\sigma_i \geq \begin{cases} \sigma_{cd} & \text{(压碎区)} \\ \sigma_{td} & \text{(裂隙区)} \end{cases} \tag{2-24}$$

式中，σ_{cd}、σ_{td} 分别为岩石的动态抗压、抗拉强度。

将式（2-20）、式（2-21）、式（2-22）代入式（2-23），再将式（2-23）代入式（2-24），可分别求出压碎区和裂隙区理论半径公式为：

$$r_{压碎} = r_0 \left(\frac{p}{\sqrt{2}\sigma_{cd}} \right)^{\frac{1}{\alpha}} \left[(1+b)^2 - 2\mu_d(1+b)^2(1-\mu_d) + (1+b^2) \right]^{\frac{1}{2\alpha}} \quad (2\text{-}25)$$

$$r_{裂隙} = r_0 \left(\frac{p}{\sqrt{2}\sigma_{td}} \right)^{\frac{1}{\alpha}} \left[(1+b)^2 - 2\mu_d(1+b)^2(1-\mu_d) + (1+b^2) \right]^{\frac{1}{2\alpha}} \quad (2\text{-}26)$$

（2）临近自由面岩体爆炸作用

当在无限岩体内部爆炸时，会产生压碎区、裂隙区和震动区，而当在临近自由面爆炸且满足炸药埋深小于最小抵抗线时，炸药起爆后应力波传播至自由面时会发生反射，爆炸效果会受到自由面的影响，爆炸除了在炮孔附近产生破碎区、裂隙区和震动区之外，在自由面附近还会出现反射拉伸断裂、鼓包，甚至形成爆破漏斗，如图 2-6 所示。

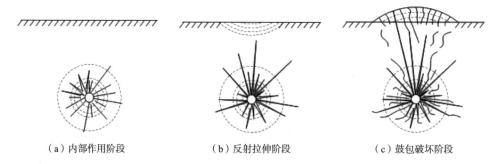

图 2-6 临近自由面岩体爆破示意图

初始阶段爆炸冲击波和爆生气体准静态压力从内部向外作用，形成压碎区、裂隙区和震动区，如图 2-6（a）所示；随后应力波到达自由面表面形成反射拉伸波，当其值大于岩石的动态抗拉强度时，表面的岩体发生拉伸断裂形成自外而内的裂纹，如图 2-6（b）所示；此时内部裂纹在爆生气体的准静态压力和气楔作用下促使内部径向裂纹不断向自由面方向扩展，而自由面附近岩体不断向内部发生破坏，在内外复杂应力共同作用下，自由面岩体不断破坏和隆起，如图 2-6（c）所示。若爆炸能量还有剩余，将促使内外部裂纹贯通，并将破碎岩体向外推出，形成爆破漏斗，如图 2-7 所示。

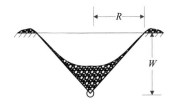

图 2-7 爆破漏斗示意图

R—爆破漏斗半径；W—爆破漏斗深度

2.3 围岩聚能爆破作用机制

2.3.1 聚能装药作用原理

聚能药包装药结构种类繁多，本书以隧道工程实际应用中的椭圆形聚能药包为对象开展相关研究，图 2-8 为椭圆形聚能装药结构示意图。聚能装药结构爆破过程主要为炸药起爆后产生爆轰波作用于药型罩，药型罩被挤压变形从而形成聚能射流，聚能射流侵彻作用对炮孔壁岩体造成破坏形成初始裂纹。聚能装置爆破作用在聚能罩，沿轴线方向将会汇集较多的能量，形成聚能射流，聚能射流作用在炮孔壁，对炮孔壁在聚能方向侵彻形成具有一定深度的初始裂纹，产生应力集中，在爆炸荷载作用下优先起裂，在聚能方向上形成定向裂纹，从而达到定向断裂岩体的效果，而在非聚能方向上，由于聚能药包外壳会消耗能量，也减小了炸药与炮孔壁的直接接触，从而大大减小非聚能方向上裂纹的形成与开展，从而起到保护保留岩体的作用。

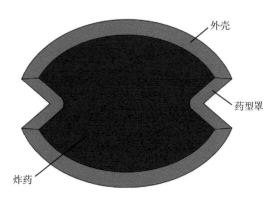

图 2-8 椭圆形聚能装药结构示意图

对于聚能射流的形成过程，炸药采用聚能装药结构几何中心点起爆，炸药爆炸产生爆轰波，可当作平面波传播，随着爆轰波阵面的不断向外扩散，传播至药型罩时开始发生挤压作用并逐步形成聚能射流以及尾部杵体部分。由非稳态射流形成理论（PER理论）可知，在忽略药型罩的强度并认为药型罩在爆轰波作用下的运动速度均一致，药型罩上所有单元在爆轰作用下合压速度保持稳定，椭圆形聚能装药结构的药型罩在爆轰波作用下被压垮过程如图2-9所示。在爆轰波作用下药型罩单元微元体从A点运动到P点时，则实际为从A点压垮至B点，药型罩被挤压压垮，在前部分逐渐形成聚能射流，尾部则为聚能射流的杵体，C点被压垮至射流方向较晚于A点，由于射流的前端和尾部速度相差大，聚能射流将不断被拉伸。

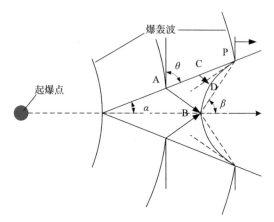

图2-9 药型罩压垮形成射流过程

2.3.2 围岩聚能爆破致裂作用过程

基于传统爆破理论的相关研究，并结合聚能装药结构作用岩体导致破裂原理，可将围岩体在聚能爆破作用下对岩体的致裂过程分为4个阶段，即聚能射流形成后沿聚能方向对炮孔壁的侵彻形成初始裂纹、爆炸冲击波作用炮孔壁对孔周围岩体的压碎作用、爆破应力波作用下致使岩体产生径向裂纹、爆生气体准静压下进一步促使裂纹使其得到持续开展。

（1）聚能射流侵彻阶段

聚能药包起爆后发生化学反应产生高温高压爆生产物，爆轰产物作用在药型罩挤压下形成一股高密度、高速度、高压力气流，称为聚能射流，沿着聚能方向聚能射流侵彻作用在炮孔壁产生导向裂纹，初始导向裂纹的形成在后续荷载作用下将会优先开裂，持续扩展形成定向裂纹。

（2）爆炸冲击波作用阶段

聚能爆破生成高温高压爆轰产物，爆轰产物与炮孔壁碰撞激起爆炸冲击波，爆破冲击波作用远大于岩体的抗压强度，在炮孔附近形成粉碎区。由于聚能射流在聚能方向形成初始导向裂纹减少了聚能方向上使岩体粉碎的能量，致使聚能方向粉碎区范围与非聚能方向相比偏小。

（3）应力波作用阶段

随着爆炸冲击波的传播，逐渐衰减演变成应力波作用，已不能造成岩体抗压破坏。应力波作用下，由于岩体单元径向受压作用形成环向拉应力，当达到岩体的抗拉强度时，导致岩体出现径向拉伸裂纹。环向拉应力作用下会形成径向拉伸应力，致使岩体形成环向裂纹。随着应力波的继续传播而逐渐衰减演变为地震波，地震波作用岩体致使岩体发生震动，很难使岩体发生断裂破坏。

（4）爆生气体压力作用阶段

爆生气体对岩体裂纹的持续扩展起到主要贡献，是裂纹得以扩展的重要驱动力，聚能爆破后产生大量爆生气体，爆生气体发生膨胀充满整个炮孔，在炮孔周围形成准静态应力场，准静态应力场下对产生的裂纹发生准静态压力作用，在爆生气体的"气楔"作用下使岩体的裂纹尖端拉应力增大，裂纹得到进一步扩展。由于裂纹的扩展受到爆生气体压力大小、作用时间、作用深度等因素影响，在聚能方向以及非聚能方向上裂纹扩展的范围也会有所差异。

2.3.3 围岩聚能爆破裂纹开展范围

通过对岩体聚能爆破作用的理论分析，由聚能爆破后产生的爆轰产物对岩体在每个阶段的不同作用过程，岩体在聚能爆破作用下沿炮孔径向外依次形成粉碎区、裂隙区和震动区，如图 2-10 所示。

在粉碎区形成阶段，聚能射流优先作用在岩体形成侵彻作用，由于聚能射流对岩体的侵彻范围小，因此在聚能方向围岩粉碎范围较小。在非聚能方向上，爆轰能量首先作用在聚能药包外壳，聚能药包外壳破裂后爆炸冲击波作用在孔壁压碎岩体，作用范围大，形成的粉碎区范围较大。

在裂隙区形成阶段，首先是聚能射流侵彻岩体，在聚能方向形成初始导向裂纹后，在爆生气体作用下使裂纹持续开展。在聚能方向汇聚能量多，粉碎区范围小，消耗能量少，聚能方向上裂纹的扩展程度高。在非聚能方向分布能量少，粉碎区范围大，消

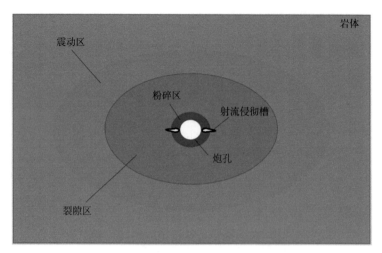

图 2-10 聚能爆破致裂岩体分区理论模型

耗能量多，非聚能方向上裂纹的扩展程度低，聚能爆破作用下导致岩体在裂隙区的开展范围形成类椭圆形状。

在震动区阶段，地震波作用已不能致使岩体发生破裂，地震波作用主要引起围岩的震动，在震动区基本没有明显的宏观裂纹出现。因此粉碎区和裂隙区裂纹发育程度高，裂纹的开展主要集中在粉碎区和裂隙区，这两个区域组成聚能爆破作用下围岩的裂纹开展区域。

2.4 围岩聚能爆破裂纹扩展力学分析

岩体在聚能爆破作用下会形成粉碎区、裂隙区和震动区，在原岩应力和爆破荷载作用下岩体应力状态表现复杂，针对聚能爆破不同作用阶段下岩体力学性能和裂纹扩展过程进行分析十分必要，因此建立聚能爆破作用岩体力学分析模型如图 2-11 所示。

裂纹扩展过程中，岩体裂纹的开展在爆炸应力波与爆生气体作用下属于张开型（Ⅰ型）。基于断裂力学分析，Ⅰ型裂纹尖端应力强度因子为：

$$K_{\mathrm{I}} = PF\sqrt{\pi(r_0+a)} + \sigma_\theta \sqrt{\pi a} \tag{2-27}$$

式中，P 为孔内压力；F 为应力强度因子修正系数；r_0 为炮孔半径；a 为裂纹开展长度；σ_θ 为切向应力。

根据断裂力学理论，当 $K_{\mathrm{I}} > K_{\mathrm{IC}}$ 时裂纹起裂扩展，K_{IC} 表示岩石的断裂韧性。为了使裂纹得到进一步开展，孔内压力满足：

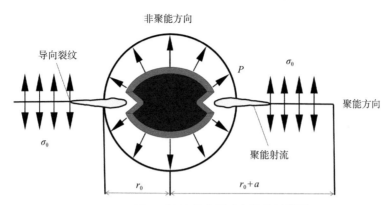

图 2-11 椭圆形聚能装药爆破力学分析模型

$$P > \frac{K_{\text{IC}} - \sigma_\theta \sqrt{\pi a}}{F\sqrt{\pi(r+a)}} \quad (2\text{-}28)$$

岩体在爆破过程中，爆炸荷载作用岩体载荷峰值一直不断变化，由爆炸荷载的大小和爆炸荷载与岩体作用的时间先后顺序，可以将爆炸荷载划为 3 个阶段，即爆炸冲击波作用、应力波作用与爆生气体作用，爆炸荷载峰值依次为 P_1、P_2、P_3，P_1 为炸药爆炸产生爆轰产物膨胀与炮孔壁冲击压力，P_2 为爆炸荷载传播到岩体在粉碎区边界时的峰值压力，P_3 为爆生气体准静压力。

聚能爆破作用下形成聚能射流，聚能射流侵彻岩体首先产生初始导向裂纹，在爆炸冲击波、应力波及爆生气体共同作用下使围岩体的受力状态发生变化，初始裂纹尖端发生应力集中，导致在拉应力作用下形成分支或进一步扩展。基于岩体在爆炸荷载下的作用过程，分析爆炸荷载在不同作用阶段下岩体破裂机理，建立岩体裂纹扩展理论模型，分析裂纹尖端力学特征，如图 2-12 所示。

裂纹根据作用力的不同，主要分为张开型裂纹（Ⅰ型）、滑移型裂纹（Ⅱ型）、撕裂型裂纹（Ⅲ型）3 类。因为围岩体内部结构并不对称，岩体受力、裂纹分布以及本身的各向异性原因，裂纹尖端受力复杂，聚能爆破作用下裂纹的开展形式以Ⅰ型或Ⅱ型复合裂纹为主，裂纹尖端区域的应力表达式为：

$$\begin{cases} \sigma_r = \dfrac{1}{2\sqrt{2\pi r}}\left[K_{\text{I}}(3-\cos\theta)\cos\dfrac{\theta}{2} + K_{\text{II}}(3\cos\theta-1)\sin\dfrac{\theta}{2}\right] \\ \sigma_\theta = \dfrac{1}{2\sqrt{2\pi r}}\cos\dfrac{\theta}{2}\left(K_{\text{I}}\cos^2\dfrac{\theta}{2} - \dfrac{3}{2}K_{\text{II}}\sin\theta\right) \\ \tau_{r\theta} = \dfrac{1}{2\sqrt{2\pi r}}\cos\dfrac{\theta}{2}\left[K_{\text{I}}\sin\theta + K_{\text{II}}(3\cos\theta-1)\right] \end{cases} \quad (2\text{-}29)$$

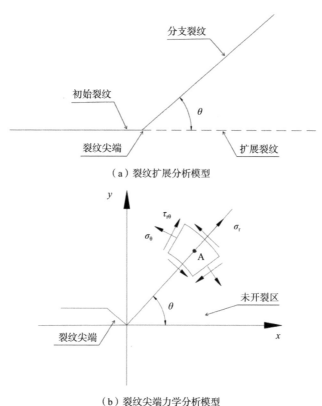

(a) 裂纹扩展分析模型

(b) 裂纹尖端力学分析模型

图 2-12 聚能爆破裂纹扩展力学分析

式中，σ_r、σ_θ、$\sigma_{r\theta}$ 分别为裂纹尖端一点 A 的径向、切向和剪切应力；$K_Ⅰ$、$K_Ⅱ$ 为裂纹尖端的Ⅰ、Ⅱ型应力强度因子；(r, θ) 为以裂纹尖端为原点的极坐标系。

2.4.1 冲击波作用裂纹扩展

在爆炸冲击波作用下，围岩承受来自三个方向不均衡的压力作用受压发生粉碎破坏，σ_z 为轴向应力，岩石中一点的应力状态可通过式（2-30）中 Von Mises 有效应力表示：

$$\sigma_i = \frac{1}{\sqrt{2}}\left[(\sigma_r - \sigma_\theta)^2 + (\sigma_\theta - \sigma_z)^2 + (\sigma_z - \sigma_r)^2\right]^{\frac{1}{2}} \quad (2\text{-}30)$$

根据压碎区和裂隙区形成特点以及 Mises 准则，导致岩石破坏条件可以表示为：

$$\sigma_i \geqslant \begin{cases} \sigma_{cd} & (\text{压碎区}) \\ \sigma_{td} & (\text{裂隙区}) \end{cases} \quad (2\text{-}31)$$

式中，σ_{cd}、σ_{td} 分别为岩石的动态抗压强度和抗拉强度。

不同装药结构下作用于炮孔壁的压力理论计算也不尽相同，假设爆炸作用在炮孔壁上引起岩石中透射冲击波值为 P_1，随着冲击波的传播，应力强度也在不断衰减，岩石中一点的应力状态可以表示为：

$$\sigma_r = P_1 (\bar{r})^{-\alpha} \quad (2-32)$$

式中，σ_r 表示岩石中一点的径向应力；$\bar{r}$ 为一点到炮孔中心的距离与炮孔半径的比值，$\bar{r}=r/r_0$；α 为应力衰减系数，$\alpha=2+\mu/(1-\mu)$，μ 为泊松比。

当径向应力峰值大于岩石抗压强度时，压碎岩体在炮孔附近形成粉碎区，在聚能方向上和非聚能方向上，聚能爆破作用导致裂纹开展的范围不一致，为了方便开展分析，在计算非聚能方向上的裂纹开展半径时，可以基于传统爆破理论分析，在计算聚能爆破方向上的裂纹开展半径时，考虑影响系数通过计算得到。

分析非聚能方向上形成的粉碎区半径，令：

$$(\sigma_r)_{max} = A \quad (2-33)$$

由式（2-32）和式（2-33）得到非聚能方向岩体的粉碎区半径：

$$r_{1\text{非聚}} = (P_1/A)^{1/\alpha} \alpha \quad (2-34)$$

在聚能方向上，首先形成的聚能射流侵彻岩体，在孔壁产生初始裂纹，使聚能方向上岩体的粉碎区范围变小，通过在聚能方向粉碎区考虑影响系数 n_1，由于聚能方向的峰值压力远大于非聚能方向，进行粉碎区范围计算时满足：

$$(\sigma_r)_{max} = n_1 A \quad (2-35)$$

由式（2-32）和式（2-35）得到聚能方向岩体的粉碎区半径：

$$r_{1\text{聚}} = (P_1/n_1 A)^{1/\alpha} \alpha \quad (2-36)$$

通过聚能方向和非聚能方向粉碎区半径可得，聚能方向粉碎区半径是非聚能方向粉碎区半径的 $(1/n_1)^{1/\alpha}$ 倍。

工程在光面爆破和预裂爆破中，为防止周边孔产生粉碎圈导致光爆效果差，对保留岩体损伤造成损伤严重，可通过下式控制：

$$r_{\text{非聚}} \leqslant r_0 \quad (2-37)$$

分析可知，在非聚能方向粉碎区半径与爆破荷载和岩体自身强度参数相关，当爆破荷载变小，粉碎区半径也会相应减小，非聚能方向爆破荷载表达式为：

$$P_{\text{非聚}} = \lambda P_j \left(\frac{P_w}{P_j} \right)^{\frac{\lambda}{t}} t^{-2\lambda} f^{-\lambda} \quad (2-38)$$

式中，P_j 为临界压力；P_w 为平均爆轰压力；γ 为绝热指数；t、f 分别表示径向、轴向不耦合系数。

由非聚能方向荷载表达式可知，爆破荷载值与装药不耦合系数密切相关，随着不耦合系数的减小，爆破荷载值增大。轴向不耦合系数的选取对于压碎区范围影响较大。过小的不耦合系数造成粉碎区范围大，能量消耗在粉碎区破坏多，不利于裂隙区裂纹的扩展。选择合适的轴向、径向不耦合系数，可以控制非聚能方向粉碎区范围，使得爆破能量可以更好地充分利用，从而形成较好的爆破效果。针对轴向不耦合系数的理论计算，由于影响因素多，表达式复杂，很难通过理论计算获得，因此可通过设计模型试验或建立数值分析模型开展研究予以确定。

2.4.2　应力波作用裂纹扩展

随着爆轰波在岩体中扩散的不断衰减，岩体压碎区以外的压缩波应力达不到抗压强度时，已不能使岩体造成粉碎压坏，衰减成应力波，岩体在压缩应力波作用下衍生出环向拉应力，若大于岩体的抗拉强度，造成拉伸破坏使岩体产生径向裂纹。在裂纹沿径向开展中，由于岩体在应力波作用下单元的位移不一致，阻力也各不相同，导致产生剪应力从而产生剪切裂纹。爆炸爆轰过程中随着爆轰波的不断传播作用，岩体发生位移的单元会在应力作用下形成向心运动，单元在径向拉伸作用下生成环向裂纹，所以在应力波作用下岩体的裂纹扩展区范围内，爆生裂纹会形成Ⅰ型和Ⅱ型相互存在的裂纹开展。

（1）裂纹扩展方向

岩体在应力波作用下，根据最大环向应力准则，裂纹开展方向环向应力超过临界时开裂破坏，裂纹得到扩展，根据最大应力准则，当最大环向应力$(\sigma_\theta)_{\max}$超过岩体的抗拉强度S_{td}时单元失效破坏，在应力波作用下，裂纹进一步开展，由于聚能射流的侵彻作用，在聚能方向上已经形成初始裂纹，在应力波作用下裂纹沿初始裂纹方向进一步开展，在非聚能方向，裂纹开展时环向应力满足：

$$\begin{cases} \dfrac{\partial \sigma_\theta}{\partial \theta} = 0 \\ \dfrac{\partial^2 \sigma_\theta}{\partial \theta^2} = 0 \end{cases} \quad (2\text{-}39)$$

把式（2-29）代入式（2-39），则有裂纹扩展方向满足：

$$K_{\mathrm{I}} \sin\theta_0 + K_{\mathrm{II}}(3\cos\theta_0 - 1) = 0 \quad (2\text{-}40)$$

由式（2-40）可知，裂纹开展的角度θ_0不为零，即导致非聚能方向上的裂纹不沿原生成方向，新生的裂纹发生方向偏离，从而形成裂纹分支，造成在非聚能方向裂纹形成范围减小，最大环向应力为：

$$\sigma_\theta = \frac{1}{2\sqrt{2\pi r}}\cos\frac{\theta_0}{2}\left(K_I\cos^2\frac{\theta_0}{2}-\frac{3}{2}K_{II}\sin\theta_0\right) \tag{2-41}$$

由裂纹断裂判据，当最大环向应力$(\sigma_\theta)_{max}$达到应力临界值$(\sigma_\theta)_c$时，裂纹发生开展，即满足：

$$(\sigma_\theta)_{max} \geqslant (\sigma_\theta)_c \tag{2-42}$$

环向应力临界值$(\sigma_\theta)_c$可通过I型裂纹的K_{IC}确定，即当$K_{II}=0$，$K_I=K_{IC}$，$\theta_0=0$代入式（2-29），得：

$$(\sigma_\theta)_c = \frac{K_{IC}}{2\sqrt{2\pi r}} \tag{2-43}$$

根据式（2-42）、式（2-43）可得应力波作用下裂纹开展的条件为：

$$\cos\frac{\theta_0}{2}\left(K_I\cos^2\frac{\theta_0}{2}-\frac{3}{2}K_{II}\sin\theta_0\right) \geqslant K_{IC} \tag{2-44}$$

（2）裂纹扩展长度

在应力波作用下，环向拉应力的值超过岩体的抗拉强度时，致使岩体产生径向裂纹，此时环向最大拉应力可表示为：

$$(\sigma_\theta)_{max} = bP_2/\bar{r}^{1/\alpha} = b\sigma_{cd}/\bar{r}^{1/\alpha} \tag{2-45}$$

式中，b为比例系数，可取$\mu/(1-\mu)$；α为应力波衰减系数，一般为$2-\mu/(1+\mu)$。

由$(\sigma_\theta)_{max}=S_{td}$，在应力波作用下，非聚能方向上的裂纹扩展长度可通过式（2-45）获得：

$$r_{2非聚} = \left(\frac{bP_2}{S_{td}}\right)^{\frac{1}{\alpha}}\alpha \tag{2-46}$$

聚能方向上，形成的聚能射流侵彻在聚能方向上产生初始裂纹，聚能方向粉碎区作用能量少，向外传播能量多，聚能方向裂隙区范围变大，考虑在聚能方向裂纹扩展区建立影响系数n_2，即聚能方向上的裂纹扩展区范围是非聚能方向上的n_2倍，得到应力波作用下聚能方向上裂纹扩展长度为：

$$r_{2聚} = n_2\left(\frac{bP_2}{S_{td}}\right)^{\frac{1}{\alpha}}\alpha \tag{2-47}$$

2.4.3 爆生气体作用裂纹扩展

在聚能射流及应力波作用下,炮孔壁附近形成初始裂纹,爆生气体膨胀对整个炮孔壁施加准静态作用,初始裂纹在准静压下得到持续扩展。与应力波作用相比,作用时间上有一定的差异,爆生气体的作用时间相对较长,有利于裂纹的持续扩展。爆生气体准静态压力垂直作用于裂隙面,爆生气体下的裂纹扩展可以按 I 型裂纹进行分析,即在爆生气体准态压下裂纹沿着已有裂纹方向持续扩展。裂纹在爆生气体作用下的尖端应力强度因子可表示为:

$$K_{\mathrm{I}} = P_3 F \sqrt{\pi(r_0 + a_0)} + \sigma_\theta \sqrt{\pi a_0} \quad (2\text{-}48)$$

式中,P_3 为爆生气体压力;F 为修正系数;r_0 为炮孔半径;σ 为应力波作用后裂纹尖端的残余切向应力;a_0 为初始裂纹开展长度,聚能方向满足 $r_0+a_0=r_{2聚}$,非聚能方向满足 $r_0+a_0=r_{2非聚}$。

修正系数 F 与裂纹长度以及炮孔半径相关,函数关系表达式为:$F=f[(r_0+a)/r]$,随着裂纹的持续开展,修正系数 F 值也在变化,当 $(r_0+a)/r$ 值小于 1.5 时,F 变化明显,当 $(r_0+a)/r$ 值大于 1.5 时,F 约为 1。

由断裂力学理论,当 $K_{\mathrm{I}} > K_{\mathrm{IC}}$ 时,即裂纹尖端应力强度因子超过岩石断裂韧度时,导致裂纹发生起裂,在爆生气体作用下,发生起裂的条件可表示为:

$$P_3 \geqslant \frac{K_{\mathrm{IC}} - \sigma\sqrt{\pi a_0}}{F\sqrt{\pi(r_0+a)}} \quad (2\text{-}49)$$

在爆生气体准静压作用下,岩体裂纹持续扩展,但随着爆生气体准静压作用的减弱,为了使裂纹得到持续开展,在非聚能方向上,爆生气体压力需满足:

$$P \geqslant \frac{K_{\mathrm{IC}} - \sigma\sqrt{\pi(r_{2非聚}-r_0)}}{F\sqrt{\pi r_{2非聚}}} \quad (2\text{-}50)$$

同理,在聚能方向上爆生气体压力需满足:

$$P \geqslant \frac{K_{\mathrm{IC}} - \sigma\sqrt{\pi(r_{2聚}-r_0)}}{F\sqrt{\pi r_{2聚}}} \quad (2\text{-}51)$$

由式(2-49)~式(2-51)可知,在聚能方向上,由于形成的聚能射流侵彻作用大大减少了岩体裂纹起裂以及裂纹扩展所需的压力,裂纹优先在聚能方向起裂、扩展,体现了聚能爆破相比传统爆破的优势所在。

若 σ 远小于 P_3，残余切向应力造成的影响较小可忽略，当处于高地应力时需要考虑原岩应力对裂纹扩展造成的影响。对比聚能方向和非聚能方向裂纹起裂和裂纹扩展需要达到的压力，在聚能方向较非聚能方向小，主要是由于聚能射流作用在聚能方向形成初始裂纹，减小了岩体起裂压力，使其在爆生气体作用下优先扩展。

随着裂纹的持续开展，作用在孔壁压力值也在不断降低，当裂纹达到的长度为 a 时，孔壁压力可表示为：

$$P = P_3 \left(\frac{R_1}{a} \right)^{1.5} \tag{2-52}$$

把式（2-52）代入式（2-51），爆生气体作用下非聚能方向满足：

$$P_3 \left(\frac{r_{1\text{非聚}}}{a} \right)^{1.5} = \frac{K_{\text{IC}} - \sigma \sqrt{\pi (r_{2\text{非聚}} - r_0)}}{F \sqrt{\pi r_{2\text{非聚}}}} \tag{2-53}$$

爆生气体作用下聚能方向满足：

$$P_3 \left(\frac{r_{1\text{聚}}}{a} \right)^{1.5} = \frac{K_{\text{IC}} - \sigma \sqrt{\pi (r_{2\text{聚}} - r_0)}}{F \sqrt{\pi r_{2\text{聚}}}} \tag{2-54}$$

则爆生气体作用在非聚能方向上裂纹扩展长度的表达式可表示为：

$$r_{3\text{非聚}} = r_{1\text{非聚}} \left(\frac{K_{\text{IC}} - \sigma \sqrt{\pi (r_{2\text{非聚}} - r_0)}}{P_3 F \sqrt{\pi r_{2\text{非聚}}}} \right)^{-1/1.5} \tag{2-55}$$

爆生气体作用在聚能方向上裂纹扩展长度的表达式可表示为：

$$r_{3\text{聚}} = r_{1\text{聚}} \left(\frac{K_{\text{IC}} - \sigma \sqrt{\pi (r_{2\text{聚}} - r_0)}}{P_3 F \sqrt{\pi r_{2\text{聚}}}} \right)^{-1/1.5} \tag{2-56}$$

2.5 本章小结

本章首先对岩体传统爆破破坏原理进行了分析，在传统爆破破坏原理的基础上，开展了椭圆形聚能装药作用原理研究，阐述了聚能爆破围岩致裂过程，建立了围岩裂纹在聚能爆破下的扩展范围，揭示了聚能爆破围岩裂纹扩展力学机理。

（1）聚能爆破作用下，爆轰产物首先作用于聚能药包的药型罩形成聚能射流，聚能射流侵彻炮孔壁在聚能方向上产生初始裂纹，随后岩体在爆炸冲击波、应力波和爆生气体作用下作用岩体，在炮孔向外形成粉碎区、裂隙区、震动区。

（2）聚能爆破作用下，爆破荷载作用过程主要包括爆炸冲击波作用阶段、应力波作用阶段和爆生气体作用阶段，聚能爆破有利于将爆破能量沿聚能方向汇聚形成初始导向裂纹，随后在应力波和爆生气体综合作用下致使裂纹持续扩展。

（3）在聚能爆破围岩裂隙分区基础上，通过建立聚能爆破裂纹开展力学分析模型，进行聚能爆破围岩裂纹扩展力学分析，对裂纹生成及扩展机理分析可以得到，冲击波作用主要造成岩体的压碎，应力波作用下会形成初始微小裂纹，初始裂纹在应力波与爆生气体准静压下得到不断开展。

CHAPTER 3
第 3 章

隧道单孔聚能爆破裂纹演化规律研究

前面已全面分析了聚能爆破围岩致裂原理，揭示了聚能爆破围岩致裂过程，建立了聚能爆破围岩裂纹扩展力学模型。本章首先通过有机玻璃模型试验进行聚能爆破裂纹开展及应力分布规律研究，建立数值分析模型，研究单孔聚能爆破应力波传播过程及裂纹动态演化规律，针对椭圆形聚能药包结构设计正交试验，通过灰色关联理论分析聚能药包结构参数与聚能射流效果之间的关联度，基于机器学习方法对聚能药包结构进行参数优化，获得最佳聚能药包结构参数，开展不同炮孔直径聚能爆破裂纹扩展规律分析，建立聚能爆破炮孔直径与裂纹开展长度函数关系，获得聚能药包装药结构爆破最佳径向不耦合系数。

3.1 单孔聚能爆破试验分析

3.1.1 有机玻璃模型试验

有机玻璃由于其具有透明性、易于肉眼观察、在爆破作用下的断裂力学行为与岩石相似等特性，在研究爆破作用下爆生裂纹的动态扩展过程时，通常会优先考虑选用有机玻璃作为试验材料。Rossmanith 等对有机玻璃在爆破作用下的裂纹开展进行了研究，结果表明，有机玻璃的裂纹发育结果与岩石材料一致，形成粉碎区和裂纹开展区，有机玻璃在爆破荷载作用下的裂纹形态与岩石非常相似。因此，选用有机玻璃开展爆破作用下裂纹的产生、扩展及应力分布特征，有利于进一步揭示聚能爆破作用下的破岩机理。

为了研究聚能爆破作用下应力波传播过程及裂纹动态演化规律，笔者设计了聚能爆破有机玻璃板模型试验，有机玻璃的尺寸为 1200mm×600mm×12mm，炮孔位于有机玻璃的几何中心，炮孔直径为 60mm，有机玻璃板的力学参数为：纵波波速 C_s=1260m/s，横波波速 C_p=1260m/s，光学常数 c=85μm²/N，弹性模量 E_d=6.1GPa，泊松比 μ=0.31。炸药使用 2 号乳化炸药，聚能管材质为 PVC 材料，有机玻璃实物如图 3-1 所示。假设有机玻璃板的受力为平面应变结构，沿炮孔中心分别朝着聚能方向、45°方向和垂直聚能方向每 100mm 间距布置应变片，其中聚能方向应变片编号分别为 1、2，垂直聚能方向应变片编号分别为 3、4，45°方向应变片编号分别为 5、6，应变片在有机玻璃上的布置如图 3-2 所示。

图 3-1 有机玻璃实物图

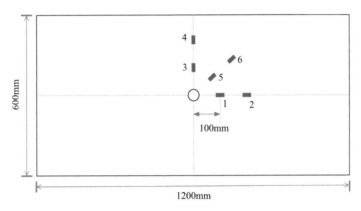

图 3-2 应变测试布置图

3.1.2 测试系统简介

实验中使用应变片为 BX120-10AA 型箔式，厚度为 0.005mm 左右，表面附有一层薄膜的薄片金属箔栅，栅长尺寸为 10mm×3mm，基底尺寸为 16mm×5mm，应变片性能参数如表 3-1 所示。

应变片性能参数　　　　　　表 3-1

电阻（Ω）	灵敏系数	机械滞后（με）	蠕变（με）	绝缘电阻（MΩ）	横向效应系数	疲劳寿命	灵敏度随温度变化（%100℃）	热输出系数（με/℃）
120±0.1%	2±1%	2	3	50000	0.5	10^7	2	1

爆破过程中使用江苏东华测试技术股份有限公司生产的 DH8302 型超动态测试分析系统进行应变数据的采集。现场使用发电机发电，通过稳压器以产生交变电流稳定供电，应变片与动态应变仪之间采用双层屏蔽线作为传导导线，以此减少外界环境对

数据采集的干扰。采用工业雷管起爆,动态应变测试仪采集系统如图 3-3 所示,现场模型试验布置如图 3-4 所示。

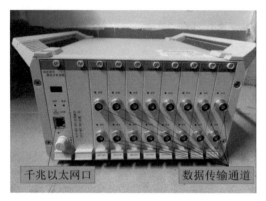

图 3-3 动态应变测试仪采集系统

图 3-4 现场模型试验布置

3.1.3 实验结果分析

图 3-5 为聚能爆破有机玻璃 0°、45° 及 90° 方向应变时程曲线。正应变表示应变片受拉,负应变表示受压。

通过聚能方向 1 号与 2 号测点应变时程变化可得,由于 1 号测点距离炮孔中心近,1 号测点处应变大小比 2 号测点应变值高,说明聚能爆破作用应力波的传播在逐渐衰减。3 号测点和 4 号测点曲线为聚能爆破作用下垂直聚能方向测点应变时程曲线,与聚能方向应变时程变化基本一致,垂直聚能方向测点应变随着与炮孔距离的增加而逐渐衰减。通过对比 1 号测点和 3 号测点应变时程曲线、2 号测点和 4 号测点应变时程曲线可知,1 号测点应变峰值明显大于 3 号测点,2 号测点应变峰值明显大于 4 号测点,且聚能方向应变达到峰值时刻均早于非聚能方向,主要是由于椭圆形聚能爆破结构改变了爆破时能量分布,在聚能方向汇聚了更多的能量,为裂纹在聚能方向上的扩展提供了有利条件。5 号测点和 6 号测点布置在炮孔 45° 方向,由 5 号测点和 6 号测点应变时程曲线可知,随着与炮孔距离的增加,应变峰值也在不断减小,在聚能爆破过程中有机玻璃板 45° 方向主要受拉应力作用,从而产生拉伸裂纹。

图 3-6 为聚能爆破有机玻璃裂纹扩展结果。由图可知在炸药爆炸后产生的爆轰产物会对有机玻璃板进行冲击,沿着炮孔中心向外形成爆破粉碎区、裂纹区和震动区。爆破粉碎区的形成主要因为受到炸药形成的聚能射流和爆轰产物的冲击作用,两者形成的冲击压力大于有机玻璃板自身的抗压强度,使得炮孔近区有机玻璃板各向都呈现

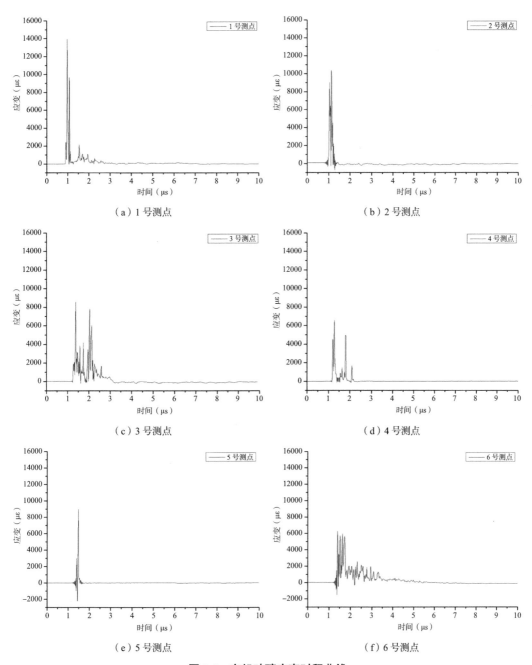

图 3-5 有机玻璃应变时程曲线

破碎状态。在爆炸应力波作用下径向受压产生了环向拉应力，从而产生了径向拉伸裂纹，随后在爆生气体准静态作用下裂纹不断扩展。随着应力波的传播，能量也在慢慢减弱，演变成地震波传播难以形成裂纹。与普通爆破不同，聚能爆破作用下爆轰产物首先通过挤压聚能管形成射流，聚能射流速度高于爆轰产物的速度，从而能够率先对炮孔壁进行侵蚀，沿聚能方向上侵彻产生初始导向裂纹，在形成初始裂纹以后，由于聚能方向初始裂纹形成应力集中区，后续应力波传播过程中应力集中区会聚集更多的能量，在爆轰产物和爆生气体产生的准静态压力作用下，聚能方向初始裂纹尖端在张拉应力的作用下不断扩展，裂纹发展速率以及程度都高于其他方向。根据能量守恒定律，在促进聚能方向裂纹发展的同时也意味着减少了其他非聚能方向裂纹的延展。依据聚能爆破有机玻璃裂纹扩展结果可知，炮孔附近的裂纹区各向都在张拉应力作用下产生了裂纹。聚能爆破作用有机玻璃裂纹开展主要分布在裂隙区，震动区基本没有宏观裂纹出现，裂隙区裂纹分布整体呈椭圆形，与理论分析基本一致，聚能爆破改变了能量分布，使得更多的能量在聚能方向上汇聚，从而实现定向断裂。

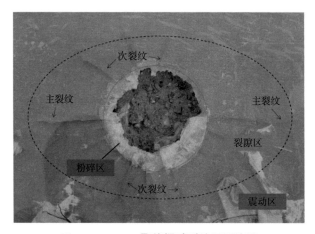

图 3-6　PMMA 聚能爆破裂纹开展结果

3.2　数值算法简介

随着科学技术的发展以及计算机技术的开发与应用，数值模拟研究成为继实验、理论研究之后的第三大研究手段，为工程实际问题和科研问题的解决提供了有效的方法。在爆炸与冲击模拟过程中，数值模拟手段可以再现爆炸与冲击的整个过程，具有不受场地、试验条件限制和安全高效等优势，能够完整地再现整个爆轰过程，研究过程经济、方便，在开展工程爆破研究中发挥着重要的作用。自 20 世纪 60 年代有限元分析程序得到研究开发以来，在工程力学等领域得到大量的使用，但由于研究问题的不断加深以及复杂性，各种大变形等非线性问题不断涌现，常规的有限元方法出现网格大变形畸变而终止计算，使得计算问题无法得到有效解决，常规有限元算法已经无法满足实际问题的深入研究。随着几何非线性、材料非线性、接触非线性等非线性问题理论研究的不断加深，各种新型的数值计算方法不断被提出，包括有限差分法、有限体积法、边界元法、离散元法、无网格法、离散格子弹簧法、进场动力学方法等数值计算方法，这些算法用来解决大变形等非线性问题发挥着重要的作用。

随着各种算法的不断成熟，相应的计算软件也大量出现，如 LS-DYNA、AUTODYN、FLAC、ADINA、ANSYS、ABAQUS、GTS、COMSOL、UDEC、PFC 等数值计算软件的出现以及在工程实践中得到大量应用。由于爆炸问题的复杂性，目前模拟爆炸冲击问题的理论及程序也在不断完善和发展当中，而 LS-DYNA 对于求解高速碰撞、侵彻和爆炸冲击等非线性动力学问题具有独特的优势，该软件被引入中国后很快在工程相关领域得到普遍认可和应用。LS-DYNA 以 Lagrange 算法为主，以 Euler、ALE、SPH 等算法为辅；以显式算法为主，同时附有隐式算法；以非线性分析为主，同时可以解决常规静力线性问题；以结构分析为主，兼有热、电磁、流固耦合等分析，目前已经成为爆炸冲击等领域研究线性和非线性、静力和动力等问题的非线性动力分析软件。以下主要介绍 LS-DYNA 的基本理论和爆炸冲击问题常用到的基本算法。

3.2.1　显式算法基础理论

LS-DYNA 涉及较多的基础理论知识，以下主要从常用算法的控制方程、空间有限元离散化、单点积分与沙漏控制、时间步长控制等主要内容进行简要介绍。

（1）控制方程

Lagrange 增量法常用来跟踪质点的运动规律，假设质点在初始时刻的坐标为 X_i（i=1，2，3），在任意时刻质点的坐标变为 x_i（i=1，2，3），其运动方程可以表示为：

$$x_i = x_i(X_j, t) \quad i, j=1, 2, 3 \tag{3-1}$$

在初始时刻时，质点的空间位置和速度满足以下条件：

$$x_i = x_i(X_j, 0) = X \tag{3-2}$$

$$\dot{x}_i = \dot{x}_i(X_j, 0) = V_i(X_j, 0) \tag{3-3}$$

式中，V_i 为质点的初始速度值。

质点满足的动量守恒方程式如下：

$$\sigma_{ij,j} + f_i = \rho a \tag{3-4}$$

式中，σ_{ij}、f_i、a 分别为柯西应力、单位质量体积力和质点的加速度，其中加速度为位移的二次导数。质点在不同的边界条件满足的条件不同，一般存在应力边界条件、位移边界条件和间断面跳跃条件。

质点满足的质量守恒方程为：

$$\rho V = \rho_0 \tag{3-5}$$

式中，ρ_0、ρ 分别为初始密度和当前密度；V 为相对体积，其值等于变形梯度的绝对值。

此外，质点必须满足能量守恒方程：

$$\mathring{E} = VS_{ij}\mathring{\varepsilon}_{ij} - (p+q)\mathring{V} \tag{3-6}$$

$$S_{ij} = \sigma_{ij} + (p+q)\delta_i \tag{3-7}$$

$$p = -\frac{1}{3}\sigma_{ij}\delta_{ij} - q = -\frac{1}{3}\sigma_{kk} - q \tag{3-8}$$

式中，E 为能量；p 为压力；S_{ij} 为偏应力；ε_{ij} 为应变；q 为体积黏度；δ 为 Knecker 标记。

（2）空间离散化

对于爆炸冲击问题，通常采用六面体实体单元计算，该实体单元具有高精度和高计算速度等优点。在空间单元的离散化过程中，单元内任一点坐标可以由节点坐标通过插值方式来表示：

$$x_i(X_j,t) = x_i(X_j(\xi,\eta,\zeta),t) = \sum_{j=1}^{8}\phi_j(\xi,\eta,\zeta)x_i^j(t) \tag{3-9}$$

式中，ξ、η、ζ 表示自然坐标；$\phi_j(\xi,\eta,\zeta)$ 为形状函数；$x_i^j(t)$ 为 i 时刻 j 节点坐标。

式（3-9）亦可用矩阵来表示单元内任意一点的坐标，任一点坐标矢量可表示为：

$$\{x(\xi,\eta,\zeta,t)\} = [N]\{x\}^{eT} \tag{3-10}$$

式中，$\{x\}^{eT}$ 为单元节点坐标矢量；$[N(\xi,\eta,\zeta)]$ 为插值矩阵。

将空间结构进行离散，通过虚功原理将总势能用离散单元各势能之和表示：

$$\delta\Pi = \sum_e \delta x^{eT}\left(\int_{V_e}\rho N^T N \mathrm{d}V \ddot{x}^e + \int_{V_e} B^T\sigma \mathrm{d}V - \int_{V_e} N^T f \mathrm{d}V - \int_{S_e} N^T \overline{T}\mathrm{d}V\right) \tag{3-11}$$

式中，B 为应变矩阵；σ 为应力矢量。

在单元计算并集成质量矩阵之后，虚功方程可简化为：

$$M\ddot{x}(t) = P(x,t) - F(x,\dot{x}) \quad (3\text{-}12)$$

式中，M 为整体质量矩阵；$\ddot{x}(t)$ 为整体节点加速度矩阵；$P(x, t)$ 为整体荷载矩阵；$F(x, \dot{x})$ 为等效节点力矩阵。

（3）单点积分与沙漏控制

采用不同的单元算法所耗费的时长不同，一般单点积分方法可以节省大量的存储空间及提高运行计算速率，但是单点积分算法会产生沙漏问题即零能模式，如果不加以控制，可能产生数值震荡的计算结果。一般通过引入沙漏黏性阻尼力来控制沙漏能，即：

$$f_{ik} = -a_k \sum_{j=1}^{4} h_{ij} \Gamma_j \quad (3\text{-}13)$$

式中，h_{ij} 为零能模式的模；Γ_{jk} 为沙漏基矢分量。

通过节点沙漏黏性阻尼力组集成整体沙漏黏性阻尼力矢量 H，加入式（3-12）右侧，即可得到考虑沙漏能控制的运动方程：

$$M\ddot{x}(t) = P(x,t) - F(x,\dot{x}) + H \quad (3\text{-}14)$$

冲击爆炸问题在结构内部激起应力波使得变量发生跳跃式变化，导致微分方程组计算困难，故引入人工体积黏性 q，可消除应力波尖端跳跃带来的数值计算困难，引入人工体积黏性 q 后，应力矢量的计算公式可表示为式（3-14）。

（4）时间积分与步长控制

运动方程考虑沙漏影响，考虑结构阻尼作用，引入阻尼矩阵 C，运动微分方程为：

$$M\ddot{x}(t) = P(x,t) - F(x,\dot{x}) + H - C\dot{x} \quad (3\text{-}15)$$

对于非线性问题，上述微分方程的求解变得更加困难，LS-DYNA 采用中心差分法进行时间积分求解，其时间积分算式为：

$$\begin{aligned}
\ddot{x}(t_n) &= M^{-1}\left[P(t_n) - F(t_n) + H(t_n) - C\dot{x}(t_{n-1/2})\right] \\
\dot{x}(t_{n+1/2}) &= \dot{x}(t_{n-1/2}) + \frac{\Delta t_{n-1} + \Delta t_n}{2}\ddot{x}(t_n) \\
x(t_{n+1}) &= x(t_n) + \Delta t_n \dot{x}(t_{n+1/2})
\end{aligned} \quad (3\text{-}16)$$

式中，$t_{n-1/2}$ 表示 t_{n-1}、t_n 的中间时刻；$t_{n+1/2}$ 表示 t_n、t_{n+1} 的中间时刻；Δt_{n-1} 表示 t_n、t_{n-1} 的差；Δt_n 表示 t_{n+1}、t_n 的差；$\ddot{x}(t_n)$ 表示 t_n 时刻加速度；$\dot{x}(t_{n+1/2})$ 表示 $t_{n+1/2}$ 时刻速度；$x(t_{n+1})$ 表示 t_{n+1} 时刻节点坐标。

为保证显示中心差分在时间积分求解的稳定性，采用变步长积分方式，计算时间步长由最小单元时间步长决定，而最小单元时间步长由最小单元特征长度和材料声速决定。但随着计算步数的增加，变形增大可能会导致计算时间步长无限小，增加计算时间，可以采用质量放缩因子控制，同时为避免最小单元对时间步长的控制，可采用子循环技术。

3.2.2 爆炸模拟算法简介

对爆炸冲击问题，LS-DYNA 可通过不同的算法实现爆炸冲击过程分析，其中主要包括 Lagrange 算法、Euler/ALE 算法、SPH 算法等。下面简要介绍这几种常用的算法。

（1）Lagrange 算法

对岩石爆炸冲击问题，可以通过 Lagrange 算法实现炸药与岩石相互作用关系，作用的荷载、位移等变量的传递方式是共用节点或者定义接触算法实现的。采用共用节点是指炸药和被爆结构使用共用节点实现爆炸能量的传递。接触算法主要是炸药和被爆结构边界面通过接触定义实现能量的传递，常见的接触算法有点到面的侵蚀接触、面到面的侵蚀接触、滑动接触、面面接触等。

Lagrange 算法主要是用于固体结构分析，它将网格固定在物质结构上，网格中不存在物质的流动，网格的变形跟随物质材料的流动，其可以跟踪物质结构的边界运动，然而物质材料流动过大势必会引起网格的大变形，从而出现计算无法收敛或者计算精度下降等问题。目前对网格畸变问题提出网格自适应的算法，一定程度上提高了 Lagrange 算法的应用，但是自适应网格目前仅适用于壳单元，又在一定程度上限制其应用范围。

（2）Euler/ALE 算法

Euler 算法是指以固定于空间的坐标系为基础，将空间网格和物质材料区别开来，网格为空间网格，有限元节点为空间节点，网格及节点在这个计算过程中保持其初始位置不变，流体材料可以在网格中流动。Euler 算法首先将材料网格进行一步拉格朗日时步计算，求出材料网格变形后的单元状态变量，其次将 Euler 网格进行重划分并将材料网格变形后的单元状态变量映射到重划分的网格上，即可实现能量的传输。Euler 算法主要特点是空间网格大小位置都不变，所以每个迭代步骤数值计算精度都一致，该算法的不足是网格较稀疏时无法捕捉物质边界以及网格的固定限制了流体材料流动空间，加大网格域又增加计算量。

ALE 方法是将 Lagrange 算法和 Euler 算法各自的优点结合起来，所以同时兼有以上两种方法的优点。一方面，它引进 Lagrange 方法处理结构物质边界问题，可有效地跟踪物质边界运动；另一方面，它参照 Euler 算法将空间网格独立于物质实体而存在，但相对 Euler 算法的空间网格而言，它可以根据参数定义改变空间网格位置，以防止网格出现严重的畸变。该算法最初应用在流体动力学的数值模拟问题上，目前成为大变形问题普遍使用的数值算法。

Euler 算法和 ALE 算法都可以解决复杂荷载作用下流体材料与结构相互作用引起的大变形问题。在爆炸冲击问题模拟中，一般可以将炸药、空气等定义为流体材料并使用 Euler/ALE 算法，被爆结构定义为固体结构并采用 Lagrange 算法，再通过流固耦合算法实现流体和结构相互作用。

（3）SPH 算法

随着研究问题的深入，大变形、动态裂纹扩展、材料裂变、几何畸变等实际问题的研究越来越复杂，而基于网格的传统数值算法不能从根源上解决这些问题，从而提出了一种无网格方法。无网格方法不需要将节点连成单元，而是基于问题域上的一系列节点，采用与核函数相关的近似，使得节点可以影响节点域上任何一点的力学特性，从而得出问题的解。随着数值计算理论和计算机技术的发展，无网格算法已经得到迅速发展，目前已经形成许多无网格数值算法，其中包括光滑粒子流体动力学方法（Smoothed Particle Hydrodynamics，SPH）、多象限法（MQH）、散射单元法（DEM）、无单元伽辽金法（EFGM）、有限点法（FPM）等。其中光滑粒子流体动力学方法是在 1977 年由 L.B.Lucy 等提出并将其用在解决天体物理学问题上，随后广泛应用于各个领域的研究和工程实践中，本书主要采用 SPH 的无网格算法。

SPH 方法的核心思想是通过构造一个核函数对粒子的核估计来计算梯度的相关量，不需要求解偏微分方程，而是将偏微分控制方程转化为积分形式，偏微分方程的转化包括函数核近似和粒子近似两步，函数核近似如下：

$$\langle f(x) \rangle = \int_\Omega f(x')W(x-x',h)\mathrm{d}x' \tag{3-17}$$

式中，$W(x-x',h)$ 为光滑函数或核函数；x 为空间坐标；x' 为 x 紧支域内某一点的坐标；h 为光滑长度。

对于连续形式的核近似式，函数 $f(x)$ 的粒子近似是对粒子 i 紧支域内所有粒子 j 进行加权求和得到的，即：

$$\langle f(x)_i \rangle = \sum_{j=1}^{N} f(x_j)W(x_j-x_i,h) \cdot \Delta v_j = \sum_{j=1}^{N} f(x_j)W_{ij}\frac{m_j}{\rho_j} \tag{3-18}$$

式中，W_{ij} 为离散形式的光滑函数；m_j、ρ_j 分别为粒子 i 临近粒子 j 的质量和密度。

函数 $f(x)$ 导数的核近似可通过光滑函数的导数求出，函数 $f(x)$ 导数的粒子近似同样对相关粒子 i 支持域内所有粒子 j 进行加权求和得到，任意函数 $f(x)$ 的导数核近似及其粒子近似形式如下：

$$<\frac{\partial f(x)}{\partial x}>=\int_\Omega \frac{f(x)\partial W(x-x',h)}{\partial x}\mathrm{d}x' \tag{3-19}$$

$$\frac{\partial f_i}{\partial x^\beta}=\sum_{j=1}^N f_j \frac{\partial W_{ij}}{\partial x_j^\beta}\frac{m_j}{\rho_j} \tag{3-20}$$

式中，$\partial W(x-x',h)/\partial x$ 为光滑函数的导数形式；β 为空间维序号；m_j/ρ_j 表示积分微体元。

将光滑函数及其导数的粒子近似代入 Navier-Stokes 方程，并考虑用于防止数值振荡和非物理穿透的人工黏性和热工热流，即可实现对光滑粒子流体动力学的控制方程进行离散化，其形式如下：

$$\frac{\mathrm{d}\rho_i}{\mathrm{d}t}=\sum_{j=1}^M m_j(u_i^\beta-u_j^\beta)\frac{\partial W_{ij}}{\partial x_i^\beta} \tag{3-21}$$

$$\frac{\mathrm{d}u_i^\alpha}{\mathrm{d}t}=\sum_{j=1}^M m_j\left(\frac{\sigma_i^{\alpha\beta}}{\rho_i^2}+\frac{\sigma_j^{\alpha\beta}}{\rho_j^2}-\delta^{\alpha\beta}\Pi_{ij}\right)\frac{\partial W_{ij}}{\partial x_i^\beta} \tag{3-22}$$

$$\frac{\mathrm{d}E_i}{\mathrm{d}t}=\frac{1}{2}\sum_{j=1}^M m_j\left(u_i^\beta-u_j^\beta\right)\left(\frac{\sigma_i^{\alpha\beta}}{\rho_i^2}+\frac{\sigma_j^{\alpha\beta}}{\rho_j^2}+\Pi_{ij}\right)\frac{\partial W_{ij}}{\partial x_i^\beta}+\frac{1}{\rho_{ij}}\Gamma_i^{\alpha\beta}\varepsilon_i^{\alpha\beta}+H_i \tag{3-23}$$

式中，u_i^β、u_j^β、ρ_i、ρ_j、σ_i、σ_j 分别为粒子 i、j 的速度、密度和应力张量；$\Gamma_i^{\alpha\beta}$、$\varepsilon_i^{\alpha\beta}$ 分别为偏应力和应变张量；Π_{ij}、H_i 分别为人工黏性和人工热流；α、β 为空间向量方向。

其中光滑函数需要满足归一化、δ 函数性质和紧支性 3 个基本条件，常见的光滑函数有三次 B 样条函数、五次 B 样条函数、高斯核函数、指数核函数等，本书采用最常用的三次 B 样条核函数，其形式如下：

$$W(S,h)=\frac{1}{\alpha_\mathrm{d}}\begin{cases}1-1.5S^2+0.75S^3 & 0\leqslant|S|<1\\ 0.25(2-S)^3 & 1\leqslant|S|<2\\ 0 & |S|\geqslant 2\end{cases} \tag{3-24}$$

式中，$S=|x_i-x_j|/h_{ij}$，$S=1.5h_{ij}$、$0.7\pi h_{ij}^2$、πh_{ij}^3 分别为一维、二维、三维问题的取值，其中 $h_{ij}=0.5(h_i+h_j)$ 为对称核函数。

3.3 单孔聚能爆破数值模拟分析

3.3.1 材料本构参数

(1) 炸药本构及状态方程

关于爆炸荷载的模拟,可以将爆炸简化为随时间变化的荷载时程曲线,然后施加于聚能管结构或者炮孔壁上,常见的有三角形荷载曲线波和指数型曲线波,但是这种简化荷载模型由于过于简化,对爆炸近区精细化爆破研究存在较大的误差,远区研究震动波波动规律可以采用此方法。本书主要采用炸药本构及状态方程描述炸药的爆轰过程,更加真实地反映爆炸荷载的变化情况。

在数值模型中通过 MAT_HIGH_EXPLOSIVE_BURN 表征炸药的材料模型,并通过 JWL 状态方程描述炸药起爆后压力与体积之间的关系:

$$p = A\left(1-\frac{\omega}{R_1 V}\right)e^{-R_1 V} + B\left(1-\frac{\omega}{R_2 V}\right)e^{-R_2 V} + \frac{\omega E}{V} \quad (3-25)$$

式中,p 为压力;V 为体积;A、B、w、R_1、R_2 为状态方程基本参数;E 为单位体积爆轰能。炸药材料参数如表 3-2 所示。

炸药材料参数 表 3-2

ρ(g/cm³)	v_D(cm/μs¹)	A(GPa)	B(GPa)	R_1	R_2	ω	E(GPa)	ρ(g/cm³)
1.3	0.4	214.4	0.182	4.2	0.9	0.15	4.192	1.3

(2) 聚能管材料本构及状态方程

聚能管材料选用随动硬化模型 MAT_PLASTIC_KINEMATIC 表征材料的力学变化,聚能管物理力学参数如表 3-3 所示。

PVC 聚能管物理力学参数 表 3-3

材料名称	ρ(g/cm³)	G(GPa)	μ	σ(MPa)
PVC	1.43	43	0.32	61.7

(3) 空气材料本构及状态方程

空气材料采用空物质 MAT_NULL 模型,以线性多项式描述空气的状态方程 EOS_

LINER_POLYNOMAIL，可以表示为：

$$P = C_0 + C_1\mu + C_2\mu^2 + C_3\mu^3 + (C_4 + C_5\mu + C_6\mu^2)E_0 \quad (3\text{-}26)$$

式中，C_0、C_1、C_2、C_3、C_4、C_5 和 C_6 为输入参数，空气看作近似理想气体，C_0、C_1、C_2、C_3、C_6 的值为 0，C_4、C_5 的值为 0.4；E_0 为初始比内能，E_0 的值为 0.25 MPa；空气密度 ρ 的值为 $1.25 \times 10^3 \text{g/cm}^3$。

（4）岩石材料本构及状态方程

岩石材料选用 MAT_JOHNSON_HOLMQUIST_CNCRETE 模型，简称 HJC 模型。HJC 本构模型最早是由 Holmquist 和 Johnson 提出，HJC 本构模型大变形下的应变效应采用应变率效应来考虑，充分表征了材料的失效破坏模式，适用于 Euler 算法及 Lagrange 算法，能够准确地描述各类岩石及混凝土材料在较大应力应变及高应变率下的变形和断裂等特性，使用方便，在有限元数值模拟中应用极其广泛。岩石材料主要参数如表 3-4 所示，并定义岩石最大主应力失效来分析裂纹开展。

岩石材料主要参数　　　　　　　　表 3-4

材料	密度 ρ（g/cm³）	泊松比 μ	剪切模量 G（GPa）	抗压强度 f_c（MPa）	抗拉强度 T（MPa）
岩石	2.18	0.26	14.86	48.00	4.00

3.3.2　单孔聚能爆破分析模型

岩石爆破是一个高压、高应变的瞬时过程，炸药爆炸后产生的能量急速地对岩石产生作用，造成岩石破坏。爆破的瞬时性、高温高压复杂性导致对爆破理论的推导及聚能爆破作用的解析工作异常复杂和困难。为了分析椭圆形单孔聚能装药爆破应力波传播过程及爆生裂纹动态演化规律，建立炮孔孔径为 60mm 的数值分析模型，聚能管为 PVC 材料，聚能管外壳厚度为 2mm，药型罩厚度为 2mm，聚能槽角度为 70°，计算模型如图 3-7 所示，模型周边添加无反射边界条件。在聚能方向和非聚能方向沿炮孔径向每 5cm 选取一个测点，聚能方向由近及远依次编号为 A1～A5，非聚能方向由近及远依次编号为 B1～B5，各测点的布置如图 3-8 所示。

3.3.3　初始裂纹形成及孔壁压力特征分析

聚能药包在炮孔内起爆后，爆轰波不断向外传播，通过挤压药型罩形成聚能射流侵彻岩体，在岩体聚能方向形成初始导向裂纹，如图 3-9 所示。

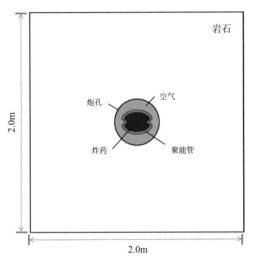

图 3-7 数值计算模型示意图

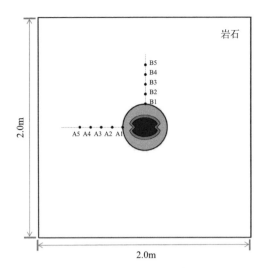

图 3-8 监测点分布示意图

聚能药包起爆后，在 3μs 时刻爆轰波传播至药型罩顶角处，巨大的爆轰能量开始挤压药型罩，在 5μs 时刻药型罩两侧在爆轰压力作用下挤压初步形成聚能射流，在 7μs 时刻聚能罩形成高温、高压、高能量的聚能射流，即将到达炮孔壁进行侵彻，在 9μs

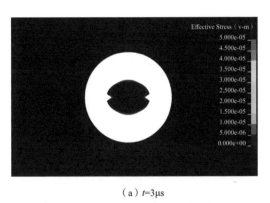

(a) $t=3μs$

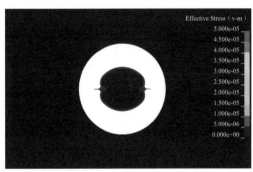

(b) $t=5μs$

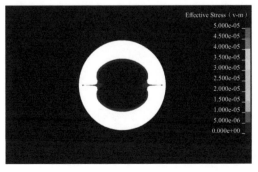

(c) $t=7μs$

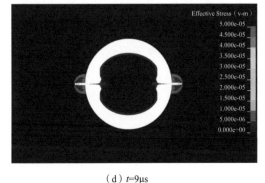

(d) $t=9μs$

图 3-9 初始裂纹形成（一）

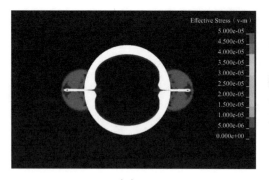
（e）$t=11\mu s$

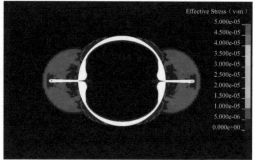
（f）$t=13\mu s$

图 3-9　初始裂纹形成（二）

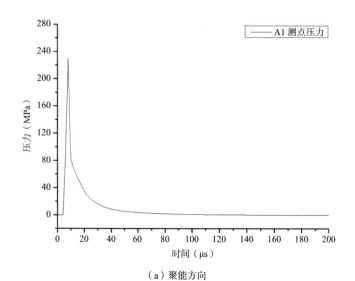
（a）聚能方向

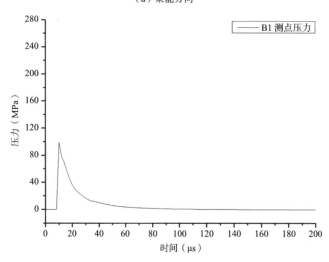
（b）垂直聚能方向

图 3-10　孔壁压力时程变化曲线

时刻聚能射流头部对炮孔壁侵彻在聚能方向形成初始导向裂纹，在11μs时刻聚能射流头部还在持续对岩石进行侵彻，进一步加深了初始裂纹，在13μs时刻聚能射流在聚能方向上侵彻出一定深度的导向裂纹，其他方向在爆轰作用下也开始对孔壁发生作用。由于炮孔孔径的影响，爆轰过程在对非聚能方向孔壁产生作用前，聚能射流的杵体与射流还未完全分离，聚能射流性能并未得到充分发挥，所以聚能装药径向不耦合系数对初始裂纹的形成具有一定的影响。在炮孔的其他方向，由于聚能药包外壳的存在，爆轰产物首先作用于聚能药包外壳，避免了爆炸能量直接作用于炮孔壁，而聚能药包外壳与炮孔壁之间的空气介质对爆轰产物也具有一定的缓冲作用，大幅度减小了对孔壁造成的破坏，从而起到抑制非聚能方向裂纹的产生。

图 3-10（a）为作用在炮孔壁聚能方向上的压力时程变化曲线，图 3-10（b）为作用在炮孔壁垂直聚能方向上的压力时程曲线。聚能方向上压力峰值时刻早于垂直聚能方向，且峰值压力远大于垂直聚能方向，聚能方向压力峰值为 231 MPa，在垂直聚能方向压力峰值为 99 MPa，聚能方向单元压力峰值约是垂直聚能方向的 2.3 倍。与垂直聚能方向单元相比，聚能方向单元达到压力峰值的时间早，作用时间长，说明聚能爆破在作用力以及作用时间上对裂纹的开展均产生一定的优势，有效改善了能量分布，有利于定向裂纹的形成与扩展。

3.3.4 应力波传播及裂纹开展分析

初始裂纹形成后，聚能爆破爆轰产物充满整个炮腔，高温高压爆轰产物与炮孔壁碰撞产生爆炸冲击波对炮孔壁周围造成粉碎性破坏，爆生气体在岩石内形成准静态应力场作用，在已形成的径向裂纹中，进一步促进裂纹的扩展。

图 3-11 为椭圆形聚能爆破作用下应力波传播及裂纹动态演化过程，聚能射流侵彻形成初始裂纹，在 40μs 时爆炸冲击波作用在炮孔壁，对炮孔周围岩石造成粉碎破坏，应力波呈椭圆形向外传播，120μs 时聚能方向以外的地方也出现微小裂纹，并在应力波和爆生气体作用下主裂纹和随机微裂纹都得到不断的扩展，300μs 时聚能方向以外的次裂纹趋于停止扩展，聚能方向的裂纹还在持续开展，500μs 时，裂纹已不再进行发展，从最终的裂纹分布结果可以看出，在聚能方向上的裂纹远比非聚能方向随机裂纹长。

聚能方向和垂直聚能方向各测点的应力时程曲线如图 3-12 和图 3-13 所示。由图 3-12、图 3-13 可知，随着与炮孔中心的距离越来越远，岩石单元的等效应力峰值在

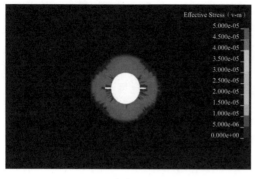
（a）t=40μs

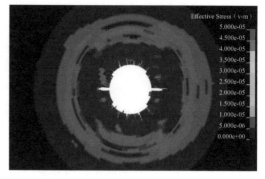
（b）t=120μs

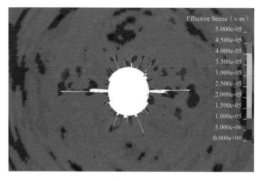
（c）t=300μs

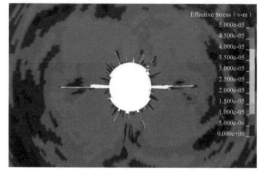
（d）t=500μs

图 3-11　聚能爆破裂纹开展

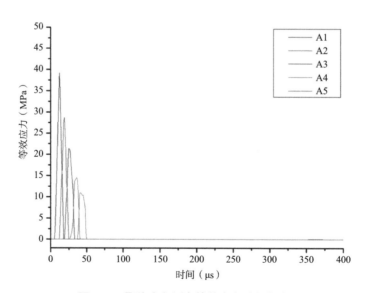

图 3-12　聚能方向测点等效应力时程曲线

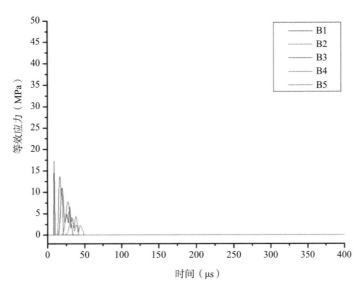

图 3-13 垂直聚能方向测点等效应力时程曲线

迅速下降,说明在炮孔附近形成的粉碎区消耗了大量的能量。在炮孔壁附近聚能方向最大等效应力值为 39.25MPa,垂直聚能方向最大等效应力值为 17.33MPa,聚能方向最大等效应力值远大于垂直聚能方向。结合聚能爆破理论,聚能方向形成聚能射流侵彻作用导致孔壁单元失效破坏,垂直聚能方向上由于聚能管的阻挡及空气的缓冲作用,垂直聚能方向单元等效应力大大降低,说明聚能爆破改变了能量分布,明显提升了在聚能方向的侵彻能力,在聚能方向上优先产生裂纹,后期裂纹在爆生气体的准静态作用下进一步延伸,有利于定向裂纹的开展。

3.3.5 数值模拟与试验结果对比分析

采用有机玻璃聚能爆破试验对爆生裂纹的动态开展过程及力学行为进行观测和研究,由于爆破过程的复杂性、难以捕捉记录及危险性,针对聚能爆破作用过程、爆炸应力波的传播及裂纹动态演化过程很难进行直接观测和记录,所以采用数值模拟的方法建立与有机玻璃模型试验一致的数值仿真模型,对椭圆形聚能装药结构爆破的应力波传播过程和裂纹动态演化进行分析。由试验结果得到的聚能爆破有机玻璃裂纹开展与数值模拟得到的裂纹开展结果进行对比,如图 3-14 所示。

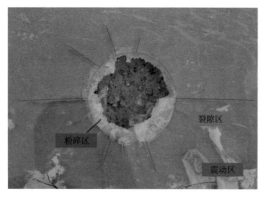 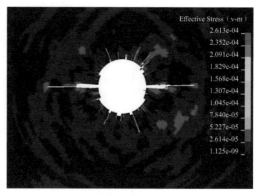

（a）试验结果　　　　　　　　　　（b）数值模拟结果

图 3-14　试验结果与数值模拟结果对比

在爆炸冲击波的作用下，由于有机玻璃的动态抗压强度远小于爆炸初始冲击波作用，在炮孔周围形成一定的粉碎区，冲击波作用下有机玻璃炮孔周围发生压碎破坏，由于聚能射流优先作用在有机玻璃形成侵彻作用，聚能射流的侵彻范围小，在聚能方向围岩压碎范围减小，在非聚能方向上，爆轰能量首先作用在聚能药包外壳后，爆轰波作用在孔壁压碎岩体，作用范围大。随着爆炸冲击波的向外传播，逐渐衰减演变成应力波作用，已不能造成有机玻璃的压碎破坏，此时有机玻璃在应力波作用下径向受压形成环向拉应力，当达到有机玻璃的抗拉强度时出现径向拉伸裂纹。由于聚能爆破在聚能方向形成聚能射流，聚能射流侵彻有机玻璃孔壁产生具有一定长度的初始裂纹，初始裂纹应力集中，减小了裂纹在聚能方向上起裂和扩展需要达到的压力，在聚能方向汇聚能量多，压碎区范围小，消耗能量少，聚能方向上裂纹的扩展程度高，非聚能方向上分布能量少，压碎区范围大，消耗能量多，非聚能方向上裂纹的扩展程度低，致使聚能方向上裂纹的扩展优势明显，远比非聚能方向裂纹开展长，聚能爆破作用下整体形成粉碎区、裂隙区和震动区，试验结果与理论分析一致；对比试验结果得到的聚能爆破裂纹分布可以看出，数值模拟结果完整展示了聚能爆破作用下有机玻璃炮孔附近粉碎区、聚能和非聚能方向裂纹萌生、发展过程，爆破裂纹的开展形态与有机玻璃模型试验结果一致，证明了所建模型及其数值求解的正确性，下面将继续使用数值模型及其参数开展椭圆双极线型聚能药包爆破爆生裂纹演化规律研究。

3.4 椭圆形聚能药包结构影响因素分析

3.4.1 外壳及药型罩影响分析

（1）问题描述

不同几何参数的椭圆双极线型聚能药包四分之一模型如图 3-15 所示，在保证长短轴比、聚能槽角度和装药量一致的情况下，各个模型采用相同的材料参数和粒子间距（同上节）。粒子的最大、最小光滑长度分别为 0.2 倍和 2 倍初始光滑长度。为保证初始时刻每个粒子的支持域内具有相同的质量，每个粒子初始临近粒子数设置为 600。

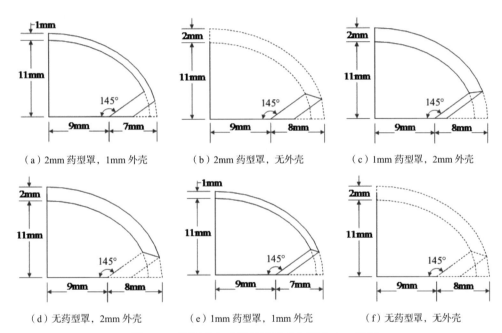

图 3-15 不同几何参数的聚能药包四分之一模型

（2）模拟结果及分析

图 3-16 为不同几何参数聚能药包在 $t=14.0\mu s$ 时的速度云图，由图 3-16 可知不同几何参数的聚能药包实现的定向效果不同。图 3-16（a）为 2mm 厚药型罩和 1mm 厚外壳的聚能药包速度分布图，由图可知除射流头部速度比较大之外，外壳向外运动的速度也较大，整体速度大于杵体速度，主要是由于外壳比较薄，爆生气体对外壳做的功大部分转化为外壳动能。对比图 3-16（b）无外壳情况可知，图 3-16（a）形成的射流速度较大且药型罩大部分的粒子形成射流，而图 3-16（b）药型罩大部分粒子用于形

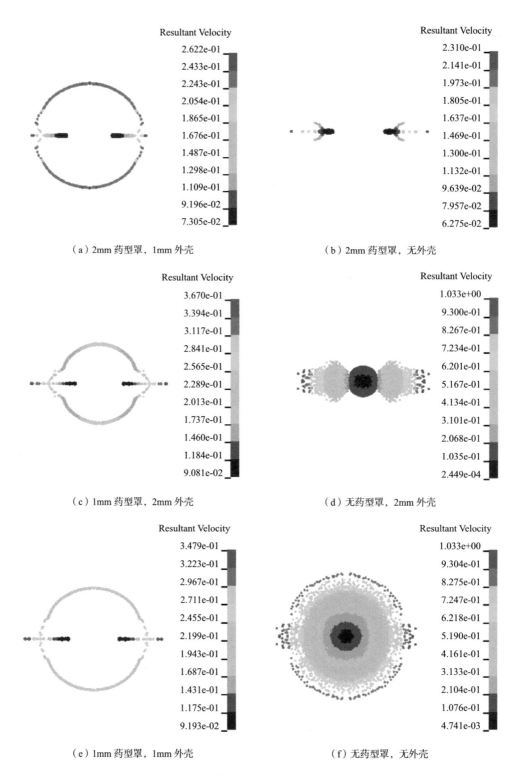

图 3-16　不同几何参数的聚能药包在 $t=14.0\mu s$ 时的速度云图（单位：10^4m/s）

成杵体，表明外壳对聚能射流的形成产生较大的影响。图 3-16（c）为 1mm 厚药型罩和 2mm 厚外壳的聚能药包速度分布图，射流头部平均最大速度达到 3670m/s，更有利于岩石的侵彻作用。图 3-16（d）由于无药型罩而无法形成射流，图中只给出爆生气体从外壳切缝处溢出形态，由图可见粒子散射比较明显，实现的定向效果不显著。图 3-16（e）为 1mm 厚药型罩和 1mm 厚外壳的聚能药包速度分布图，形成的射流更明显，速度更大，表明药型罩和外壳厚度同时减小时有利于聚能射流的形成。图 3-16（f）为无药型罩无外壳药包的爆生气体速度分布图，图中并未形成明显射流，可见外壳与药型罩对聚能射流的形成起决定作用。

图 3-17 为不同几何参数聚能药包射流头部速度随时间变化曲线，随着外壳厚度不断减小，最终射流头部速度不断减小，但三者的速度变化趋势基本一致，再次表明外壳对椭圆双极线型聚能药包射流头部的形成有一定的影响，外壳越厚越有利于稳定爆轰作用，从而有利于射流的形成，射流速度越大。比较图 3-15（c）所对应的曲线，可知当药型罩为 1mm、外壳 2mm 时形成射流头部速度最大，最大值为 3700m/s，而图 3-15（d）由于无药型罩而无法形成聚能射流，对应图 3-17 的曲线只不过是聚能方向外壳边缘处粒子的速度时间历程曲线，表明药型罩对聚能射流的形成起决定性作用。对比图 3-15（e）所对应的曲线图可知，随着药型罩和外壳厚度一致减小，聚能射流头部速度增大，但对比图 3-15（f）可知，当两者减小为零时不形成射流。对比图 3-15（d）和图 3-15（f）所对应的曲线，由于二者均没有药型罩，只能借助炸药粒子分析，由图可见，两者速度曲线重合，即最终稳定速度完全一致，表明当无药型罩时并没有明显的聚能效应。

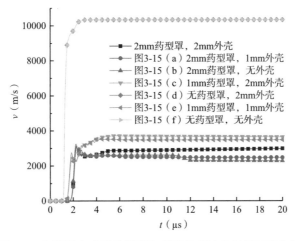

图 3-17　不同几何参数聚能药包射流头部速度时间历程曲线

3.4.2 药型罩锥角影响分析

（1）数值模型

为研究药型罩锥角大小对双向聚能药包爆破聚能射流的影响，本节在保证长短轴比为 15∶11 和长短轴不变的情况下，建立不同锥角大小的椭圆双极线型聚能药包，不同锥角的四分之一 SPH 模型如图 3-18 所示。所建立模型均采用四分之一模型，并施加对称边界加以约束，实现的 SPH 粒子间距为 0.008～0.01cm，实现的 ALE 算法在炸药附近网格平均尺寸为 0.01cm，炸药向外扩张，网格逐渐过渡到 0.05cm，并施加无反射边界条件。

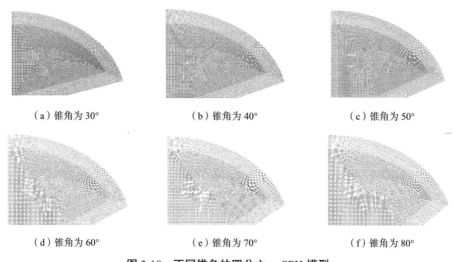

(a) 锥角为 30°　　　　　(b) 锥角为 40°　　　　　(c) 锥角为 50°

(d) 锥角为 60°　　　　　(e) 锥角为 70°　　　　　(f) 锥角为 80°

图 3-18　不同锥角的四分之一 SPH 模型

（2）药型罩为紫铜

图 3-19 为不同锥角聚能药包在 $t=10\mu s$ 时刻的速度云图，由图可知不同药型罩锥角聚能药包在两种算法中聚能射流形态和最大平均射流头部速度基本一致，表明所实现的两种算法的有效性和可行性，但 ALE 算法无法捕捉射流边界形态，在射流形态上较 SPH 算法模糊。此外，随着聚能药型罩锥角的不断增大，聚能射流头部速度不断减小，在同一时刻形成的射流长度也在不断减小，形成杵体的药型罩质量分数也在不断减小，表明药型罩锥角的大小对聚能射流的形成及头部速度有显著影响。不同锥角的聚能药包爆破形成的杵体和聚能射流所占药型罩的质量百分比不同，随着药型罩锥角不断减小，用于形成杵体的药型罩质量增大，用于形成射流的药型罩质量有所下降。但当聚能射流头部速度大时，而大部分的药型罩用于形成杵体，所实现的侵彻效果不一定最佳。

第 3 章 隧道单孔聚能爆破裂纹演化规律研究

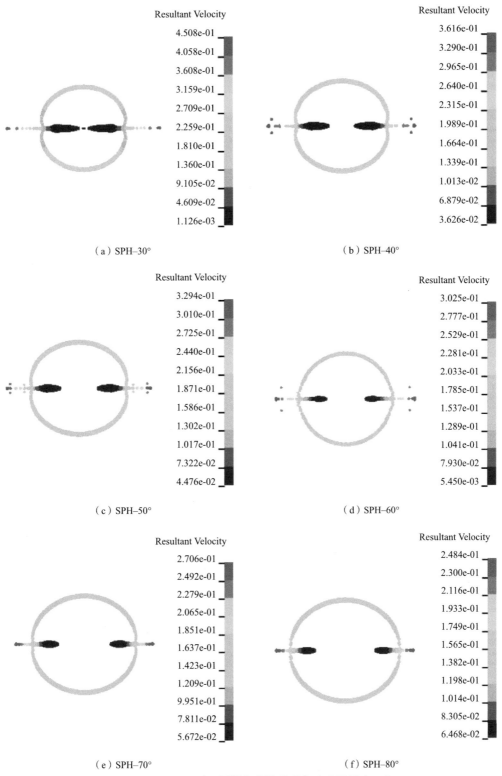

图 3-19 $t=10\mu s$ 时不同锥角的聚能药包速度云图（一）

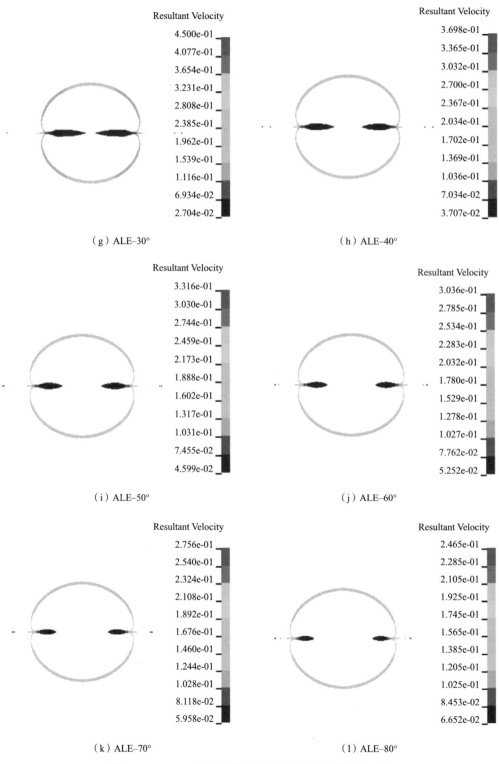

图 3-19 $t=10\mu s$ 时不同锥角的聚能药包速度云图（二）

图 3-20 为不同锥角聚能药包在 SPH 和 ALE 两种算法下射流头部平均最大速度随时间变化曲线图。两种算法计算的射流头部平均最大速度值在射流形成初期有一定的误差，随着射流不断拉伸，射流不再受杆体的拖曳作用后，射流头部速度趋于稳定，两种算法趋于一致。SPH 算法在计算过程中未考虑空气的影响，ALE 算法必须考虑空气作为能量传递介质，但两者计算结果趋于一致，表明空气对两种算法的影响很小。为减少计算量，SPH 算法不考虑空气的影响是可行的。由图 3-20 可知，各锥角药包射流头部速度时间变化曲线形态一致，在短时间内迅速上升，然后下降再趋于稳定，下降段主要是由于射流尾部对射流头部的拖曳作用造成的。计算过程中发现，初始光滑粒子数和光滑长度对 SPH 算法计算结果较为敏感，网格的大小和走向对 ALE 算法有一定的影响，故两种算法在计算结果上存在一定的误差，但均在可接受范围内，表明数值模拟方法的有效性。随着药型罩锥角的减小，聚能射流趋于稳定后的头部平均最大速度值增大，当药型罩锥角减少到 30° 时，最终稳定射流头部速度为 4500m/s，表明药型罩锥角对聚能射流有显著影响。

图 3-21 为不同药型罩锥角的聚能药包形成的聚能射流头部至杆体尾部长度随锥角的变化曲线，由图 3-21 可知，随着锥角的增大，所形成的射流长度在不断减小，再次证明药型罩锥角对聚能射流的影响。在优化椭圆双极线型聚能药包时应当减小锥角大小，可以减少炸药用量，同时在一定程度上增大射流头部速度，但过小会造成大部分药型罩质量用于形成杆体，不利于后续高速射流的持续侵彻作用。两种算法在射流长度上存在一定的波动，最大误差值发生在药型罩锥角为 30° 的聚能药包，误差为 8.3%，但均在可接受范围以内。

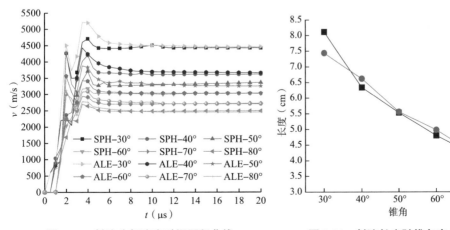

图 3-20 射流头部速度时间历程曲线　　图 3-21 射流长度随锥角变化曲线

（3）药型罩为 PVC

为对比不同材料的聚能管锥角变化时聚能效应是否有相似的变化规律，由于两种算法计算结果基本一致，故聚能管材料为 PVC 时只进行 ALE 的计算分析。图 3-22 为聚能管材料为 PVC 时不同锥角的聚能药包在 $t=8\mu s$ 时刻的速度云图，图 3-23 为聚能管材料为 PVC 时不同锥角的聚能药包聚能射流头部平均最大速度时间历程曲线。

由图 3-22 可知，在 $t=8\mu s$ 时刻随着药型罩锥角不断增大，装药面积逐渐减小，但聚能射流头部速度不断减小，与聚能管材料为紫铜的变化规律一致。同时，不同锥角的聚能射流变化形态基本一致，但不同药型罩锥角所形成的聚能射流和杵体所占药型罩的质量百分比有所不同。

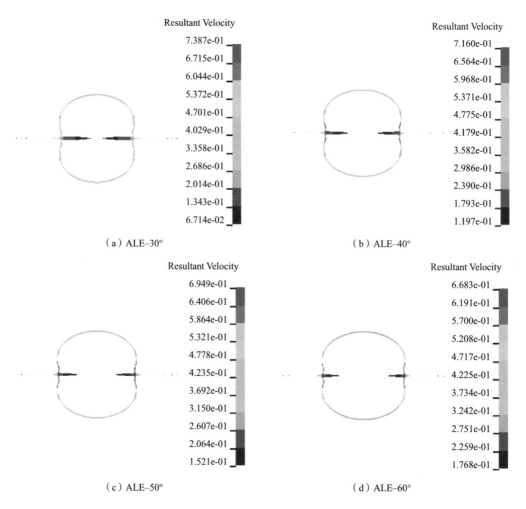

图 3-22 不同锥角的聚能药包在 $t=8\mu s$ 时刻的速度云图（一）

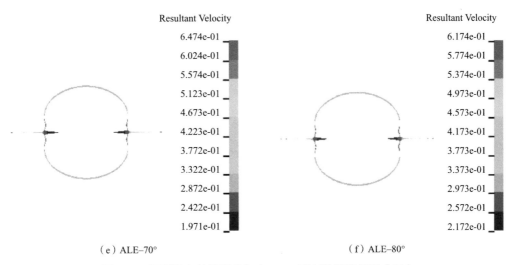

图 3-22　不同锥角的聚能药包在 $t=8\mu s$ 时刻的速度云图（二）

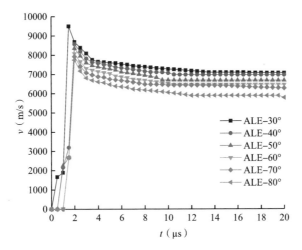

图 3-23　不同锥角的聚能药包聚能射流速度时间历程曲线

由图 3-23 可知，可通过射流头部速度随时间的变化规律来反映聚能射流的形成过程，以及药型罩锥角改变对聚能射流的影响。在炸药爆轰之后，药型罩被迅速挤压形成聚能射流并很快达到最大速度，由于杵体速度与射流之间存在速度梯度，射流不断被拉长且射流头部速度不断减少，当射流与杵体分离之后，射流头部速度基本维持在一个稳定状态。由于 ALE 算法考虑空气的影响，随着射流不断向外运动，有少量能量用于克服空气阻力，射流头部速度略有降低，但基本稳定。此外，随着药型罩锥角的不断增大，聚能射流头部平均最大速度不断减小，再次验证了聚能管材料为 PVC 时聚能射流随锥角的变化规律与聚能管材料为紫铜时的变化规律是一致的，其压垮药型罩形成的聚能射流的机理是一致的，只是不同材料形成的聚能射流侵彻效果可能存在差异。

3.4.3 聚能药包形状影响分析

（1）问题描述

为研究外壳形状对聚能射流头部速度的影响，在保证长短轴比为 15∶11 和长短轴不变的情况下，建立常规聚能药型罩锥角为 70°不同外壳的聚能药包四分之一 ALE 模型如图 3-24 所示。其中图 3-24（b）是在图 3-24（a）的基础上，减少部分药量，将上部椭圆外壳改为直线形外壳，图 3-24（c）与图 3-24（a）装药面积一致，但图 3-24（c）的药型罩长度较图 3-24（a）的长。

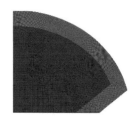 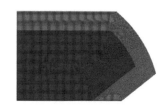 

（a）椭圆形外壳　　　　　（b）椭圆＋直线形外壳　　　　　（c）直线形外壳

图 3-24　不同外壳的聚能药包四分之一 ALE 模型

（2）数值结果分析

图 3-25 为 t=20μs 时刻不同外壳聚能药包速度分布云图，由图可见，两种算法在该时刻形成的射流形态基本一致，且头部平均最大速度基本一致。椭圆形外壳和椭圆＋直线形外壳在该时刻的射流头部速度为 2700~2800m/s，但椭圆＋直线形外壳装药较椭圆形外壳要少，表明椭圆＋直线形外壳装药结构优于椭圆形外壳装药结构。在实现隧道或边坡岩石的双向聚能爆破中可采用椭圆＋直线形外壳装药结构，充分利用爆炸能量实现岩石的定向断裂，同时防止非聚能方向岩石的损伤破坏。

椭圆形外壳与直线形外壳相比较可知，椭圆形外壳与直线形外壳装药量相同，但直线形外壳聚能药包实现的射流头部速度大于椭圆形外壳，表明直线形外壳装药结构优于椭圆形外壳，主要是因为直线形外壳中药型罩长度大于椭圆形外壳，能充分利用炸药能量实现定向聚能。

图 3-26 为不同外壳形状的聚能药包射流头部平均最大速度随时间变化曲线，椭圆形外壳聚能药包和椭圆＋直线形聚能药包的最终稳定射流头部平均最大速度基本一致，

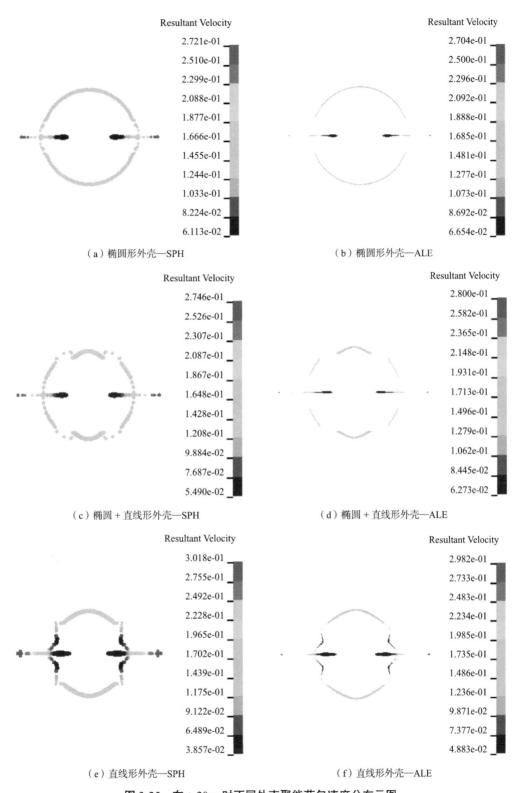

图 3-25　在 $t=20\mu s$ 时不同外壳聚能药包速度分布云图

但椭圆+直线形聚能药包装药量相对椭圆形外壳聚能药包要小,再次表明椭圆+直线形聚能药包装药结构优于椭圆形外壳聚能药包。直线形聚能药包最终稳定射流头部平均最大速度明显大于前述两种装药结构,主要是因为在相同装药量情况下该装药结构的药型罩更长,能够充分利用爆炸能量实现聚能效应。

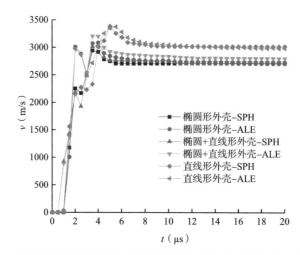

图 3-26　不同外壳形状的聚能药包爆破聚能射流头部速度时间历程曲线

在隧道聚能装药爆破中,尤其是采用椭圆双极线型聚能药包的聚能水压爆破,装药结构的参数优化对节省炸药、增大孔距、增大开挖进尺等具有一定的现实意义。通过对不同装药结构的双向聚能药包结构参数进行数值优化,分析结果可指导工程实践优化爆破参数,改善爆破效果。

3.5　椭圆线型聚能药包结构参数优化

聚能爆破作用破岩机理首先是由聚能射流侵彻形成初始导向裂纹,初始导向裂纹的形成效果与聚能射流性能关系密切,影响聚能射流性能的主要因素是聚能药包的结构参数。目前在工程实际应用的椭圆形聚能药包结构的基础上开展参数优化研究,提高聚能射流对岩体的侵彻能力具有重要的现实意义。通过设计正交试验,采用灰色关联度理论进行分析,获得聚能药包结构参数与射流头部速度及射流长度的关联度;然后基于机器学习方法,应用支持向量机网络回归模型,同时结合遗传算法开展参数寻优,以实现对椭圆形聚能药包结构射流强度能力的预测。

3.5.1 灰色关联理论

（1）灰色关联原理

传统数理统计分析需要有大量的数据且计算量大，可能出现量化结果与定性分析结果不符的现象，导致系统的关系和规律不符合实际。为弥补统计分析的不足，我国的邓聚龙教授于 20 世纪 80 年代提出灰色系统理论，其中的灰色关联度是分析系统中各因素关联程度的方法，基本思路是根据曲线几何形状的相似程度确定系统中多因素间的联系是否紧密，曲线的几何形状越接近，相应序列之间的关联程度越大，反之则关联程度越小。

（2）关联分析步骤

在进行灰关联分析之前，需将数据进行处理，具体步骤如下：

1）确定分析序列。设 $x_i(k)$ 和 $y_j(k)$ 分别表示第 k 次试验第 i 个因素和第 j 个评价指标的试验结果（$k=1, 2, 3, \cdots, n$），$X_i(n)$ 和 $Y_j(n)$ 分别表示进行 n 次试验第 i 个因素和第 j 个评价指标的全部试验结果，即：

$$X_i = [x_i(1), x_i(2), x_i(3), \cdots, x_i(k), \cdots, x_i(n)] \quad (3-27)$$

$$Y_j = [y_j(1), y_j(2), y_j(3), \cdots, y_j(k), \cdots, y_j(n)] \quad (3-28)$$

式中，X_i 是第 i 个因素相关变量，Y_j 是第 j 个系统特征因素变量，n 为试验的总次数。

2）变量无量纲化。试验所得各序列数据具有不同的单位，需对序列数据进行均值化变换处理，使其数据具有可比性，即：

$$X_i D_1 = [x_i(1) d_1, x_i(2) d_1, x_i(3) d_1, \cdots, x_i(n) d_1] \quad (3-29)$$

$$Y_j D_2 = [y_j(1) d_2, y_j(2) d_2, y_j(3) d_2, \cdots, y_j(n) d_2] \quad (3-30)$$

$$x_i(k) d_1 = x_i(k) / \overline{X_i} \quad (3-31)$$

$$\overline{X} = \sum_i^n x_i(k) / r \quad (3-32)$$

式中，$k=1, 2, 3, \cdots, n$；其中，D_1 为均值化算子，称 $X_i D_i$ 为 X_i 在均值化算子 D_1 下的象，简称均值象。D_2 为均方差化算子，称 $Y_j D_i$ 为 Y_j 在均方算子 D_2 下的象，简称均方差象。

3）计算关联系数。求出每一比较序列与参考序列的差的绝对值—差序列，根据差序列求出两极最大差和最小差，记为：

$$\Delta_{ij}(k) = |y_j(k)d_2 - x_i(k)d_1| \qquad (3\text{-}33)$$

$$\Delta_{ij} \quad [\Delta_{ij}(1), \Delta_{ij}(2), \Delta_{ij}(3), \cdots, \Delta_{ij}(n)] \qquad (3\text{-}34)$$

$$M = \max_i \max_k \Delta_{ij}(k) \qquad (3\text{-}35)$$

$$m = \min_i \min_k \Delta_{ij}(k) \qquad (3\text{-}36)$$

根据式（3-35）和式（3-36）计算得到的差序列结果求关联系数，其中：

$$\gamma_{ij}(k) = \frac{m + \rho M}{\Delta_{ij}(k) + \rho M} \qquad (3\text{-}37)$$

式中，称 $\gamma_{ij}(k)$ 为 x_i 对于 y_j 在 k 时刻的关联系数；ρ 为分辨系数，一般 ρ 的取值区间 [0，1]，当 $\rho \leqslant 0.5463$ 时分辨率最好，通常取 $\rho = 0.5$。

4）计算关联度。若是直接用关联系数来分析仿真结果，由于数据较多，信息过于散乱，不便于比较，因而将每一比较序列各个时刻的关联系数集中体现在一个数值上，即关联度。计算关联度的方法有面积法、平均值法，面积法通过计算曲线与坐标轴围成的面积大小做关联度，因此计算起来比较繁琐，而平均值相对简便，因此采用计算平均值法计算关联度，根据求出的关联系数，求关联度计算公式如下：

$$\gamma_{ij} = \frac{1}{n} \sum_{k=1}^{n} \gamma_{ij}(k) \qquad (3\text{-}38)$$

3.5.2　正交试验设计及结果

（1）射流成型影响因素分析

椭圆双向线型聚能装药结构由炸药、药型罩和装药外壳3部分组成，几何模型如图3-27（a）所示，影响聚能射流性能的主要因素为炸药参数和聚能药包结构参数，对

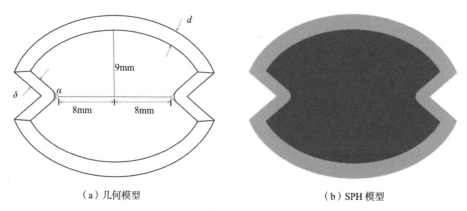

（a）几何模型　　　　　　　　　　（b）SPH模型

图 3-27　椭圆形聚能药包模型

装药外壳厚度 d、药型罩锥角 α、药型罩壁厚 δ 3 个结构参数进行灰关联分析，采用 LS-DYNA 中 SPH 算法进行仿真计算，SPH 模型如图 3-27（b）所示，通过计算得出聚能药包结构参数外壳厚度、药型罩锥角和药型罩壁厚对聚能射流性能的影响关系，为聚能药包结构的参数优化提供依据。

（2）SPH 算法分析验证

基于文献中的模型试验，采用与文献相同的几何参数模型，几何参数模型如图 3-28 所示。基于 SPH 方法进行仿真计算，设置 SPH 粒子间距为 0.008～0.01cm，SPH 粒子进行离散化后的模型如图 3-29 所示。

聚能射流形成不同时刻的速度云图如图 3-30 所示。由图 3-30 可知，通过 SPH 算法得到的聚能射流形成过程及头部速度变化与杨刚等基于高斯光滑核函数的自编程序得到的聚能射流基本一致。

图 3-30（a）为聚能射流在 6.5μs 时刻的射流头部速度，平均最大速度为 3554m/s，Ayisit 通过电磁线圈获得的射流头部最大平均速度值为 3520m/s，数值计算结果与试验测得结果相差不大。Ayisit 通过 X 射线技术得到聚能射流稳定状态下的射流头部平均峰值速度为 3300～3500m/s，本书基本 SPH 算法建立数值模型得到的聚能射流达到稳定状态下射流头部的平均峰值速度为 3298m/s，如图 3-30（b）所示。通过 SPH 算法计算得到的结果与已有模型试验结果和数值仿真计算结果基本一致，验证了该数值模型计算的正确性。

（3）正交试验设计

选取聚能药包外壳厚度 d、药型罩锥角 α、药型罩壁厚 δ 作为正交设计试验的 3 个

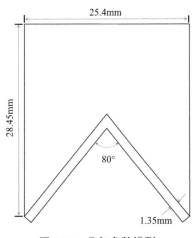

图 3-28　几何参数模型

图 3-29　SPH 模型

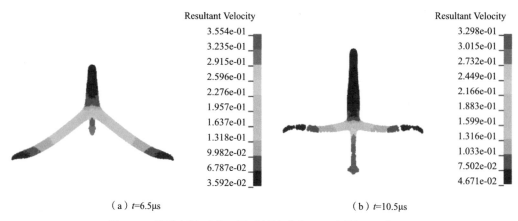

(a) t=6.5μs　　　　　　　　　　　　(b) t=10.5μs

图 3-30　聚能射流形成不同时刻的速度云图（单位：10^4m/s）

因素，这些因素对应的取值是根据现有资料，结合工程现场应用，考虑实际需要和加工要求，在合理范围内选取，将射流头部速度（v）及射流长度（L）作为结构设计的评定指标。聚能药包结构各因素及其取值如表 3-5 所示。

正交试验设计方案　　　　　　　　　表 3-5

水平	外壳厚 d（mm）	锥角 $α$（°）	药形罩厚 $δ$（mm）
1	1.0	60	0.8
2	1.3	70	1.1
3	1.6	80	1.4
4	1.9	90	1.7
5	2.2	100	2.0

（4）仿真结果

数值模拟采用几何中心单点起爆，计算时间设置为 30μs，以 1 号正交试验数值计算模型聚能射流形成过程进行分析，不同时刻聚能射流的形态变化过程如图 3-31 所示。炸药起爆产生爆轰波，在 t=2.5μs 时刻，爆轰波传播到聚能药包药型罩的顶端，顶端不断被挤压，致使药型罩微元体沿轴向形成高温、高压和高速的粒子；在 t=5μs 时刻，初步形成具有较大运动头部速度和较低运动尾部杵体速度的聚能射流，由于射流头部速度和尾部杵体部分的速度大小具有明显的差异，聚能射流不停地被拉伸；在 t=10μs 时刻，药型罩与外壳的连接处由于拉伸紧缩发生断裂，聚能药包内的炸药粒子失去外壳的约束作用，开始从断开的部位向外溢出，由于炸药粒子存储了较多的

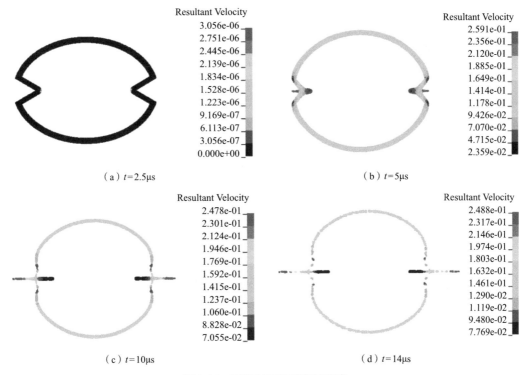

图 3-31 不同时刻聚能射流形态

能量,当失去约束作用后,炸药粒子以较大的加速度不断向前运动,射流的头部速度还在不断增加;在 $t=14\mu s$ 时刻,形成具有稳定头部速度的聚能射流,外壳受炸药爆轰作用在非聚能方向也将发生断裂。

对正交设计试验方案中的 25 组聚能药包结构参数分别基于 SPH 方法建立数值模型进行仿真模拟计算分析,得到 25 组具有不同结构参数的聚能药包爆破作用下在 $14.0\mu s$ 时刻形成的聚能射流头部平均速度 v 和聚能射流长度 L,各组试验方案计算结果如表 3-6 所示。

仿真结果 表 3-6

序号	外壳厚度 d (mm)	锥角 α (°)	药型罩厚度 δ (mm)	头部速度 v (m·s^{-1})	射流长度 L (mm)
1	1.0	60	0.8	2450	19.78
2	1.0	70	1.1	2340	18.43
3	1.0	80	1.4	2290	17.72
4	1.0	90	1.7	2080	15.67
5	1.0	100	2.0	1800	12.82

续表

序号	外壳厚度 d（mm）	锥角 α（°）	药型罩厚度 δ（mm）	头部速度 v（m·s^{-1}）	射流长度 L（mm）
6	1.3	60	1.1	2475	20.8
7	1.3	70	1.4	2340	19.32
8	1.3	80	1.7	2285	18.33
9	1.3	90	2.0	2090	16.26
10	1.3	100	0.8	1865	9.36
11	1.6	60	1.4	2655	22.87
12	1.6	70	1.7	2460	20.73
13	1.6	80	2.0	2200	18.10
14	1.6	90	0.8	1995	11.65
15	1.6	100	1.1	1780	10.00
16	1.9	60	1.7	2660	23.34
17	1.9	70	2.0	2435	20.80
18	1.9	80	0.8	2140	14.17
19	1.9	90	1.1	1980	13.06
20	1.9	100	1.4	1680	10.66
21	2.2	60	2.0	2530	22.30
22	2.2	70	0.8	2350	17.95
23	2.2	80	1.1	2315	17.52
24	2.2	90	1.4	2015	14.66
25	2.2	100	1.7	1740	11.86

3.5.3 灰色关联分析

采用灰色关联理论对正交设计各试验方案的仿真结果数据进行分析，建立不同聚能药包结构参数与聚能射流性能之间的关联度，分析不同结构参数影响聚能射流性能的主次关系。

（1）无量纲化处理

在进行灰色关联分析之前，需将数据进行处理，评价聚能射流性能的优劣重点是聚能射流的头部稳定速度以及形成的射流长度，将仿真计算得到的射流头部速度 v 和射流长度 L 作为参考系列，将装药外壳厚度 d、药型罩锥角 α、药型罩壁厚度 δ 作为比较序列。为了数据具有统一的量纲和数量级，在进行灰色关联分析之前需要对表 3-7 中的数据进行无量纲化处理，处理结果如表 3-7 所示。

各序列无量纲化处理结果　　　　　　　　　　表 3-7

序号	外壳厚度 d	锥角 α	药型罩厚度 δ	头部速度 v	射流长度 L
1	0.6250	0.7500	0.5714	1.1146	1.1826
2	0.6250	0.8750	0.7857	1.0646	1.1019
3	0.6250	1.0000	1.0000	1.0419	1.0594
4	0.6250	1.1250	1.2143	0.9463	0.9369
5	0.8125	1.2500	1.4286	0.8189	0.7665
6	0.8125	0.7500	0.7857	1.1260	1.2435
7	0.8125	0.8750	1.000	1.0646	1.1551
8	0.8125	1.0000	1.2143	1.0396	1.0959
9	0.8125	1.1250	1.4286	0.9509	0.9721
10	0.8125	1.2500	0.5714	0.8485	0.5596
11	1.0000	0.7500	1.0000	1.2079	1.3673
12	1.0000	0.8750	1.2143	1.1192	1.2394
13	1.0000	1.0000	1.4286	1.0009	1.0821
14	1.0000	1.1250	0.5714	0.9076	0.6965
15	1.0000	1.2500	0.7857	0.8098	0.5979
16	1.1875	0.7500	1.2143	1.2102	1.3954
17	1.1875	0.8750	1.4286	1.1078	1.2435
18	1.1875	1.0000	0.5714	0.9736	0.8472
19	1.1875	1.1250	0.7857	0.9008	0.7808
20	1.1875	1.2500	1.0000	0.7643	0.6373
21	1.3750	0.7500	1.4286	1.1510	1.3332
22	1.3750	0.8750	0.5714	1.0692	1.0732
23	1.3750	1.0000	0.7857	1.0532	1.0474
24	1.3750	1.1250	1.0000	0.9167	0.8765
25	1.3750	1.2500	1.2143	0.7916	0.7091

（2）仿真结果与分析

为了研究评定指标 v、L 与试验因素 d、α、δ 的关联度，首先针对不同试验组中各试验因素与评定指标聚能射流性能之间的关联系数进行计算，得到试验因素与聚能射流性能间的关联度，结果见表 3-8。

评定指标与比较序列因素关联度结果　　　　　表 3-8

评价指标	试验因素		
	外壳厚度 d	锥角 α	药型罩厚度 δ
射流头部速度 v	0.5918	0.5894	0.5810
射流长度 L	0.5530	0.5445	0.6259

由表 3-8 可知，外壳厚度、药型罩厚度和药型罩锥角 3 个试验因素与射流头部速度的关联度很接近，因此可以认为这 3 个因素对射流头部速度的影响程度基本相同。由表 3-8 可知，药型罩厚度与射流长度的关联度最大，药型罩锥角与射流长度的关联度较小，即这 3 个因素对射流长度的影响有一定的差异。

为了分析射流头部速度和射流长度的最优参数组合，首先得到射流头部速度、射流长度与外壳厚度、锥角及药型罩厚度的关联系数，其次得到射流头部速度、射流长度与外壳厚度、锥角及药型罩厚度的关联度。针对射流头部速度，关联度数值最大的是第 13 组，最小的是第 25 组，关联度数值分别为 0.8058 和 0.3883，差异性较大。针对射流长度，关联度数值最大的是第 13 组，最小的是第 25 组，关联度数值分别为 0.7148 和 0.3842，差异性也较大。

为了分析同时考虑射流头部速度和射流长度的最优参数组合，首先得到同时考虑射流头部速度和射流长度时的关联系数，其次得到同时考虑射流头部速度和射流长度时的关联度。通过计算可得，同时考虑射流头部速度和射流长度时关联度数值最大的是第 13 组，最小的是第 25 组，关联度数值分别为 0.7278 和 0.3863，差异性较大。说明试验所分析的各因素及所采用的各因素水平，在对应的范围内对聚能射流形成的影响比较大，椭圆形聚能药包装药结构参数的选取对聚能射流的性能具有较大的影响。

3.5.4　基于机器学习的聚能药包参数优化

本小节通过运用支持向量机（Support Vector Machine，SVM）网络回归模型，与遗传算法（Genetic Algorithm，GA）结合对椭圆双向线型聚能药包结构进行参数寻优，以实现对椭圆形聚能药包射流强度的预测。

（1）基于 GA-SVM 模型的预测性能研究

支持向量机算法中的参数设置会对预测结果产生一定的影响，针对惩罚因子 c、核函数参数 g 以及距离误差 epsilon 参数的优化方法方面，学者们已开展了研究，张程健通过对支持向量机网络回归模型参数改进优化，针对环型聚能装药对后靶板的侵彻能力进行了回归拟合，并验证了支持向量机网络回归模型预测的可靠性；李昆仑等开展了遗传算法对支持向量机优化参数的分析，研究了 SVM 各参数对识别性能的影响，得到基于 GA-SVM 的参数优化方法；王琼瑶等基于针对 SVM 各参数在选择不当导致回归预测结果不理想的问题，对 GA-SVM 的参数进行了优化，较大地提高了 GA-SVM 模型的预测能力。在已有 GA-SVM 模型参数改进优化的基础上，通过对 GA-SVM 模型参数 c、g 和 epsilon 参数进行基因编码，使用最小均方误差的适应度函数，不断迭代进化获取最佳聚能药包装药结构参数。针对 25 组试验组合及结果，选取前 20 组试验组合及结果作为训练集，后面 5 组试验组合及结果作为测试集，25 组试验参数如表 3-9 所示。

训练集和测试集　　　　　表 3-9

序号	外壳 d（mm）	锥角 α（°）	罩顶厚度 δ（mm）	射流头部 v（m/s^{-1}）	射流长度 L（mm）
1	1.0	60	0.8	2450	19.78
2	1.0	70	1.1	2340	18.43
3	1.0	80	1.4	2290	17.72
4	1.0	90	1.7	2080	15.67
5	1.0	100	2.0	1800	12.82
6	1.3	60	1.1	2475	20.8
7	1.3	70	1.4	2340	19.32
8	1.3	80	1.7	2285	18.33
9	1.3	90	2.0	2090	16.26
10	1.3	100	0.8	1865	9.36
11	1.6	60	1.4	2655	22.87
12	1.6	70	1.7	2460	20.73
13	1.6	80	2.0	2200	18.10

续表

序号	外壳 d（mm）	锥角 α（°）	罩顶厚度 δ（mm）	射流头部 v（m/s）	射流长度 L（mm）
14	1.6	90	0.8	1995	11.65
15	1.6	100	1.1	1780	10.00
16	1.9	60	1.7	2660	23.34
17	1.9	70	2.0	2435	20.80
18	1.9	80	0.8	2140	14.17
19	1.9	90	1.1	1980	13.06
20	1.9	100	1.4	1680	10.66
21	2.2	60	2.0	2530	22.30
22	2.2	70	0.8	2350	17.95
23	2.2	80	1.1	2315	17.52
24	2.2	90	1.4	2015	14.66
25	2.2	100	1.7	1740	11.86

通过 MATLAB 编写 GA-SVM 程序，把试验组合各参数代入程序中，起初会对试验各组数据归一化处理，对 SVM 的惩罚因子 c、核函数参数 g 以及距离误差 epsilon 参数通过 GA 进行优化，将改进后的支持向量机参数代入程序进行数据组训练，达到对原始数据回归预测的目的。通过对射流头部速度的回归预测分析，获得优化后的参数为：$c=35.9312$，$g=0.0229$，epsilon$=0.0100$，最小均方根误差 MSE$=0.0076$，平方相关系数 $r^2=0.9826$。原始数据与回归预测数据进行对比，结果如图 3-32 所示。

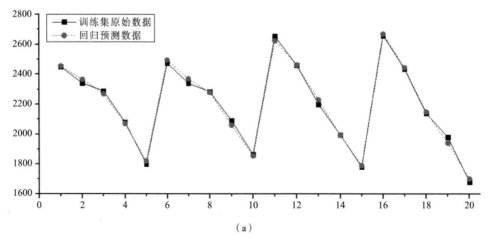

（a）

图 3-32 射流头部速度数据对比（一）

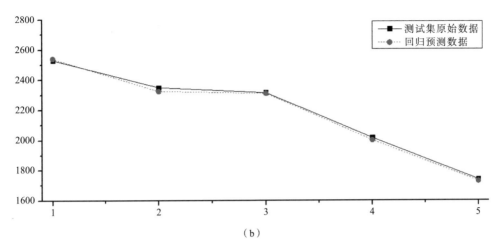

图 3-32　射流头部速度数据对比（二）

综上所述，通过遗传算法进行优化后，使用支持向量机回归预测达到了较好的效果，成功地预测了椭圆双向线型聚能药包结构参数与聚能射流形成的影响关系，针对不同的聚能药包结构参数可以精准地预测聚能射流的性能优劣，为聚能药包结构的设计提供了较好的思路和方法。

（2）椭圆双向线型聚能药包参数优化

遗传算法在聚能药包结构的优化方面具有一定的优势，为了进一步提高射流性能，通过遗传算法获得聚能药包结构最优参数组合。聚能药包结构参数主要为外壳厚度、药型罩锥角、药型罩壁厚，因此设置个体的长度为 3；遗传算法的种群规模设为 20，进化代数设为 500，交叉概率设为 0.9，适应度函数考虑最大射流头部速度，即射流头部速度越大，得到的适应度函数值越大，获得的个体越优。通过寻优得到的最佳个体适应度值所对应的参数即为聚能药包的最优结构参数。

应用遗传算法对聚能药包结构参数进行优化过程中，设置参数搜索集合，外壳厚度设置为 [1.0，2.2]，药型罩壁厚设置为 [0.8，2.0]，药型罩锥角设置为 [60，100]。用 MATLAB 编写算法代码进行优化计算，得到最优的两组装药结构参数及对应的最大射流头部速度，寻优结果如表 3-10 所示。

聚能药包结构参数寻优结果　　表 3-10

结果编号	外壳厚度 d（mm）	锥角 α（°）	药型罩厚度 δ（mm）	优化预测 v（m·s^{-1}）	仿真计算 v（m·s^{-1}）
1	1.64	60.00	1.93	2698	2683
2	1.93	62.64	1.84	2681	2668

为了验证得到的优化参数的可靠性，建立优化结构参数对应的数值分析模型进行计算，如图 3-33 和图 3-34 所示，通过数值模拟计算结果与优化预测的结果对比分析，优化预测的结果与仿真计算的结果非常接近，误差度不超过 1%，说明采用 GA-SVM 模型进行优化预测得到的结果精度高，可以对多参数影响下聚能射流性能的优劣进行精准预测。考虑到外壳厚度对非聚能方向破岩造成的损伤，外壳厚度增加可以减少非聚能方向的损伤，综合考虑后选取外壳厚度为 2mm、锥角为 62°、药型罩厚度为 1.8mm 的结构参数进行研究。

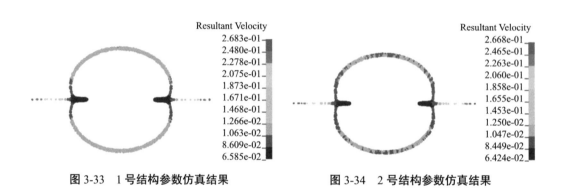

图 3-33　1 号结构参数仿真结果　　　　图 3-34　2 号结构参数仿真结果

3.6　径向不耦合系数影响

聚能爆破通常采用不耦合装药结构，其中径向不耦合系数值是影响聚能爆破效果的主要因素之一。为了研究径向不耦合系数对聚能爆破围岩裂纹开展的影响，建立炮孔直径分别为 42mm、54mm、66mm、78mm、90mm、102mm 的数值计算模型，模型尺寸为 2.0m×2.0m，炮孔位于模型几何中心，模型周边设置无反射边界条件，保持其他爆破参数和岩石力学参数相同，材料参数与前文一致。

3.6.1　不同炮孔直径裂纹开展分析

通过计算得到不同炮孔直径聚能爆破岩石裂纹开展结果，如图 3-35 所示。从图 3-35 可以看出，不同炮孔直径椭圆双向线型聚能爆破下在聚能方向都形成了左、右两条主裂纹，在聚能方向之外还形成了随机次裂纹，聚能方向裂纹明显比其他方向裂纹开展长度大。聚能爆破改变了能量分布，能量沿聚能方向优先释放，促使聚能方向的径向裂纹受到强烈的拉应力而快速开展，抑制了其他方向裂纹的扩展。径向不耦合系数对

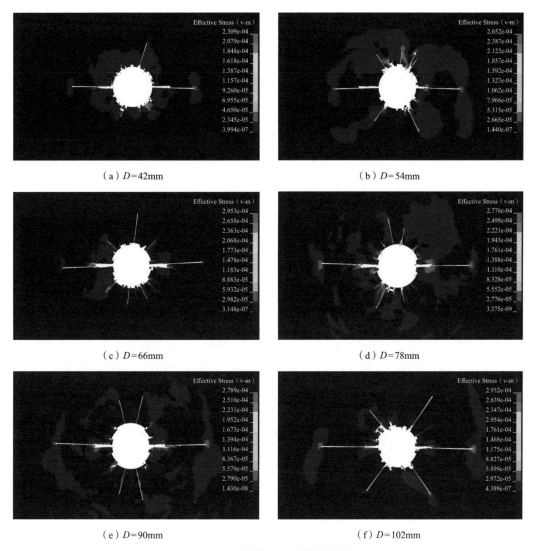

图 3-35 不同炮孔直径裂纹开展

聚能方向主裂纹的长度和随机裂纹的开展均有一定的影响，随着炮孔直径的增大，主裂纹的开展长度呈现出先增大后减小的趋势，说明存在一个最佳炮孔直径。

3.6.2 最佳径向不耦合系数

炮孔直径的变化导致径向不耦合系数也在改变。不同炮孔孔径聚能爆破主裂纹长度如表 3-11 所示。

对平均主裂纹长度 L 和炮孔直径 ϕ 进行曲线拟合，结果如图 3-36 所示，拟合后炮孔直径与平均主裂纹长度二者的相关系数达到 0.99 以上。

岩石侵彻参数对比表　　　　　　　　　　表 3-11

炮孔直径	42mm	54mm	66mm	78mm	90mm	102mm
左侧主裂纹长度	32.08cm	33.56 cm	36.23cm	38.68cm	38.07cm	39.07cm
右侧主裂纹长度	31.08cm	35.54cm	37.23cm	37.68cm	38.07cm	35.05cm
平均主裂纹长度	31.58 cm	34.55 cm	36.73 cm	38.18 cm	38.07 cm	37.06 cm

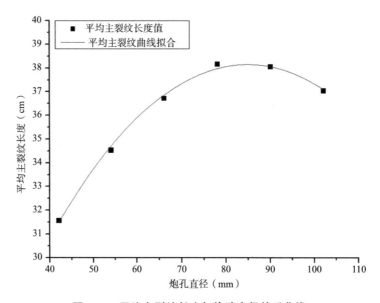

图 3-36　平均主裂纹长度与炮孔直径关系曲线

通过对平均主裂纹长度 L 和炮孔直径 ϕ 进行曲线拟合，得到函数关系为：

$$L=12.10445+0.61276\phi-0.0036\phi^2 \tag{3-39}$$

分析上述函数关系式，得到最佳炮孔直径为 85.03mm，与相关文献中通过聚能爆破不同炮孔直径橡胶板刻槽深度试验中得到的最佳炮孔直径一致。数值模型椭圆双向线型聚能药包的等效装药直径为 24.65 mm，所以得到最佳径向不耦合系数为 3.45。

3.7　本章小结

本章通过模型试验分析了单孔聚能爆破应力分布与裂纹开展特征，建立了数值分析模型，再现了单孔聚能爆破应力波传播及裂纹动态演化过程，与模型试验对比验证了数值模拟的正确性，通过机器学习方法进行了聚能药包结构参数优化，分析了径向不耦合系数对裂纹开展的影响，得出如下结论：

（1）椭圆双向线型聚能药包结构爆破，聚能方向对岩石的破坏能力远大于非聚能方向，聚能方向孔壁处压力峰值为垂直聚能方向压力峰值的 2.3 倍。

（2）椭圆双向线型聚能药包结构参数对射流头部速度的影响程度基本相同，对射流长度的影响有一定的差异，聚能药包结构参数的选取对聚能射流的性能至关重要。

（3）运用支持向量机网络回归模型，与遗传算法相结合对椭圆双向线型聚能药包进行参数寻优，能够正确地建立椭圆形聚能装药结构参数与射流性能之间的关系，预测精度高，可以很好地辅助聚能药包结构设计工作。

（4）椭圆双向线型聚能药包爆破下，不同炮孔直径岩石在聚能方向都形成了左、右两条主裂纹，同时在其他方向会形成随机次裂纹。

（5）椭圆双向线型聚能药包爆破下主裂纹长度与炮孔直径有一定的关系，通过曲线拟合得到炮孔直径为 85.03mm 时，即最佳不耦合系数为 3.45 时主裂纹最长。

CHAPTER 4
第 4 章

隧道单孔聚能水压爆破裂纹演化规律研究

炸药爆炸对岩石产生瞬时破坏作用，过程极其复杂。长期以来，学者们都在努力揭示聚能爆破对岩石的破坏机理，虽然在理论分析、模型试验、数值模拟及现场试验中取得一定的进展，然而对于聚能爆破的作用过程、破岩机理方面的研究还不够清晰，尤其是在聚能爆破基础上通过实践创新提出的聚能水压爆破破岩机理研究还有待开展。本章首先建立聚能水压爆破力学分析模型，分析聚能水压爆破作用机制，开展聚能水压爆破模型试验，建立聚能水压爆破数值模型，分析聚能水压爆破应力场及孔壁压力特征，对于不同装药结构进行分析，确定最优装药结构，研究不同轴向不耦合系数聚能水压爆破裂纹开展规律。

4.1 聚能水压爆破机制

聚能水压爆破技术是基于聚能爆破技术和水压爆破技术，在隧道周边孔中进行装药时，在炮孔底部和上部增加水袋，孔口用炮泥对炮孔堵塞，以此达到有效利用爆破能量、控制爆破振动速度、减小对保留岩体的扰动、改善光面爆破效果等目的，其理论模型如图 4-1 所示。

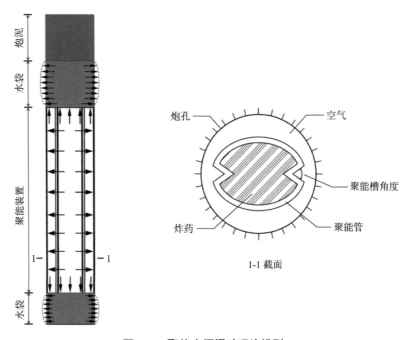

图 4-1　聚能水压爆破理论模型

聚能水压爆破基于聚能爆破作用原理，聚能装置起爆后，聚能槽产生的聚能射流在岩石上侵彻出导向裂纹，利用水介质的近似不可压缩性及缓能效应，使爆破孔壁峰值压力作用变化缓慢，水袋受到高温高压作用膨胀压缩为高水压侵入爆破产生的裂纹中形成"水楔"尖劈作用，加剧破碎岩体中裂纹的延伸，在应力波的拉剪作用、水楔作用以及爆生气体综合作用下，使岩石裂纹进一步扩展，最终裂纹沿相邻炮孔连心线贯通。与此同时，水袋由于高温呈雾化状态，可以有效地降低爆破产生的粉尘污染，通风作业时间得以缩短，有效改善作业环境。

4.2 单孔聚能水压爆破裂纹动态演化规律

4.2.1 数值模型验证

（1）模型试验

开展混凝土聚能水压爆破模型试验，混凝土试件模型尺寸为 $80cm \times 80cm \times 80cm$，炮孔位于几何中心，炮孔直径为 60mm，深度为 30cm，爆破时在孔内装填炸药、水袋，使用炮泥对孔口堵塞。聚能装药段长为 10cm，聚能装置材料参数与上文一致，水袋长度为 10cm；炮泥在试验现场用湿润泥土制作而成，长度为 10cm。图 4-2 为混凝土试件内部测点布置图，将应变片固定在与混凝土材料一致的小试块上，在混凝土试件浇筑中埋入设计位置，测点布置于炮孔底部平面距离爆源中心 10cm 和 40cm 的聚能、垂直聚能及 45° 方向，图 4-3 为制作好的混凝土试件。

图 4-2 混凝土试件测点分布

图 4-3 混凝土试件

（2）建立数值模型

使用 LS-DYNA 软件建立数值分析模型，模型的几何尺寸与试验中的混凝土试件一致。炸药材料、聚能管材料、混凝土材料参数与第 3 章一致，水的材料参数在 LS-DYNA 软件中选用 MAT_NULL 本构模型，状态方程为 GRUNEISON，材料参数见表 4-1。

水的材料参数　　　　　　　　　　　　　　表 4-1

ρ（g/cm^3）	C（m/s）	S_1	S_2	S_3	a	γ_0
1	1480	2.56	−1.986	0.2286	1.397	0.49

炮泥材料与土壤材料相近，选用 LS-DYNA 软件中 MAT_SOIL_AND_FOAM 模型表征炮泥材料参数，炮泥的相对密度为 1.8g/cm^3。

（3）数值模拟结果与分析

图 4-4 为混凝土试件裂纹开展与数值模拟裂纹开展结果对比，通过开展模型试验，混凝土试块在聚能水压爆破作用下聚能方向形成了定向裂纹，并伴随其他方向随机裂纹，数值模拟分析再现了混凝土试块在聚能爆破作用下的应力波传播、炮孔周围压碎区、聚能和非聚能方向裂纹开展规律，裂纹的最终分布形态与试验结果基本一致，验证了所建模型及其数值求解的可靠性，下面将使用该数值模型参数开展聚能水压爆破岩石力学特性及裂纹开展规律研究。

（a）实验结果

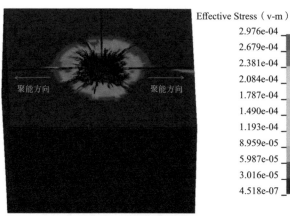
（b）数值模拟结果

图 4-4　混凝土试件聚能水压爆破裂纹开展结果对比

4.2.2 计算模型建立

基于实际工程中常用的装药结构，建立聚能水压爆破装药结构计算模型，如图 4-5 所示。底部一个水袋，上部两个水袋，用炮泥进行孔口封堵。为了便于计算，模型尺寸为 80cm×80cm×54cm，底部水袋长 1.5cm，聚能管装置长 16cm，上部水袋长 3cm，炮泥长度为 1.5cm，聚能管外壳厚度为 2mm，药型罩厚度为 1.8mm，聚能槽角度为 62°，模型周边设置无反射边界条件，炮孔直径为 4.2cm。为了分析聚能水压爆破与聚能爆破的差别，将水袋替换成空气，其余不变，建立聚能空气介质爆破装药结构计算模型，如图 4-6 所示。

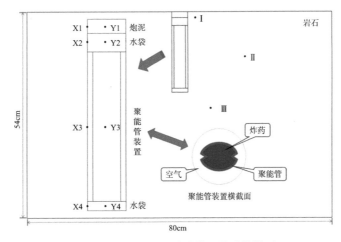

图 4-5 聚能水压爆破装药结构计算模型

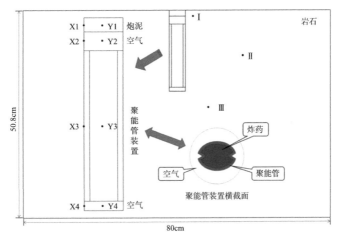

图 4-6 聚能空气介质爆破装药结构计算模型

4.2.3 应力波传播过程及炮孔壁压力特征分析

采用药柱中心线起爆方式，提取岩体内不同时刻爆炸应力波的等效应力等值面演化图分析应力波传播规律，如图4-7和图4-8所示。当药柱起爆后聚能水压装药结构和聚能空气介质装药结构起爆后爆轰波均以球柱体向四周传播，在50μs和90μs时刻都可明显发现，由于聚能水压装药结构底部水介质的存在，在炮孔底部应力波的传播稍缓于聚能空气介质装药结构模型。应力随着与炮孔中心距离的增加而逐渐减小，炮孔周围由于较高的压应力作用形成粉碎区。

在炮孔壁上沿轴向选取聚能方向和非聚能方向上的测点，测点布置如图4-5和图4-6所示。提取测点单元压力，获得两种装药形式测点的压力时程曲线如图4-9和图4-10所示。

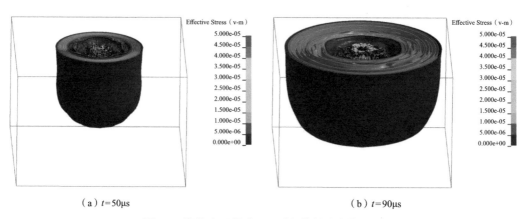

（a）$t=50μs$　　　　　　　　　（b）$t=90μs$

图4-7　聚能水压爆破不同时刻等效应力等值面

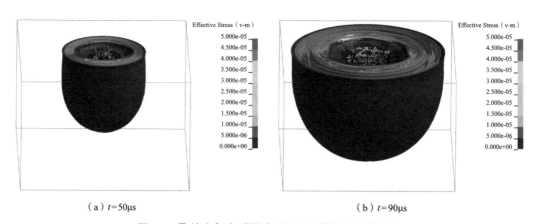

（a）$t=50μs$　　　　　　　　　（b）$t=90μs$

图4-8　聚能空气介质爆破不同时刻等效应力等值面

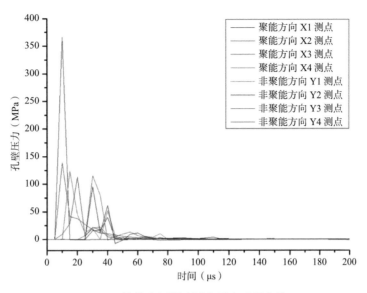

图 4-9　聚能水压爆破测点压力时程曲线

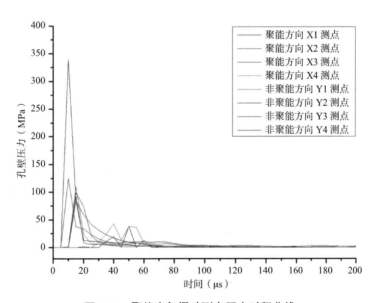

图 4-10　聚能空气爆破测点压力时程曲线

两种装药结构，其中装药部位孔壁压力均在 5μs 左右开始急速上升，10μs 左右达到最大值，然后急速降低，最后趋于稳定。其余位置测点的孔壁压力达到峰值时刻稍微晚于装药部位，由于水袋的存在，除 X3、Y3 测点外，其余测点达到峰值压力时刻晚于聚能空气装药结构相同测点。聚能水压装药结构孔壁测点的压力峰值都比聚能空气装药结构的大，有利于初始裂纹的产生。

4.2.4 围岩等效应力特征及裂纹开展分析

分别在炮孔上部粉碎区、装药中部裂隙区及炮孔底部震动区选取测点单元 Ⅰ、Ⅱ、Ⅲ，分析各单元的等效应力，测点布置如图 4-5 和图 4-6 所示。提取测点的等效应力时程曲线，得到两种装药结构应力时程曲线如图 4-11 和图 4-12 所示。

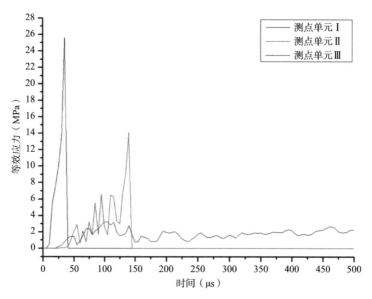

图 4-11 聚能水压爆破测点应力时程曲线

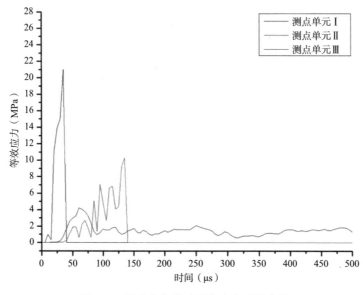

图 4-12 聚能空气爆破测点应力时程曲线

从图 4-11、图 4-12 中可以看出，聚能水压装药结构孔口单元的等效应力峰值明显比聚能空气装药结构相同测点的大，聚能水压装药爆破的粉碎区较大。在中部聚能装药部位，由于两端水封的作用，爆破的能量更有利于集中，在聚能水压装药结构裂隙区测点单元 Ⅱ 的等效应力峰值也较大，有利于增大裂纹的扩展。在炮孔底部，聚能水压装药结构测点单元 Ⅲ 的等效应力峰值比聚能空气装药结构的小，达到峰值时刻也晚于聚能空气装药结构，有利于减小对岩石远区的损伤。

对比两种结构形式下裂纹开展演化规律，在相同时刻裂纹开展等效应力云图如图 4-13 和图 4-14 所示。

在 30μs 时刻，两种装药结构炮孔上部都出现了初始裂纹，聚能水压爆破炮孔上部裂纹主要在聚能方向和 45° 方向，而聚能空气爆破炮孔上部初始裂纹多方向开展。在 100μs 时刻，应力波到达结构边界，裂纹也在持续开展。在 500μs 时刻，裂纹不再开展，裂纹长度如图 4-15 所示。

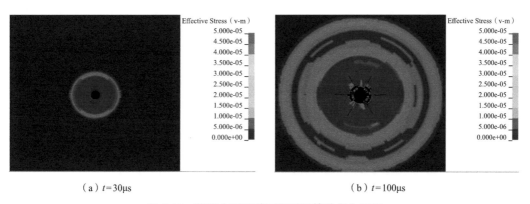

（a）$t=30$μs　　　　　　　　　　（b）$t=100$μs

图 4-13　聚能水压爆破不同时刻等效应力云图

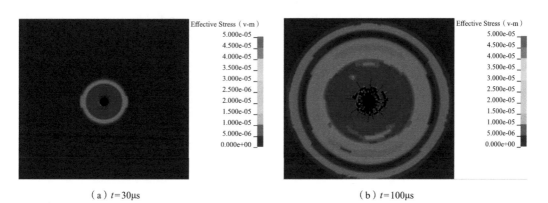

（a）$t=30$μs　　　　　　　　　　（b）$t=100$μs

图 4-14　聚能空气爆破不同时刻等效应力云图

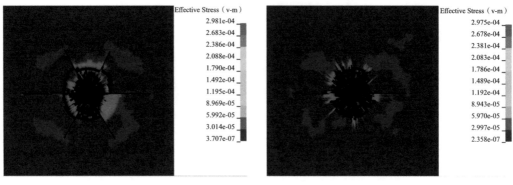

(a)聚能水压装药爆破　　　　　　　　(b)聚能空气装药爆破

图 4-15　两种装药爆破 500μs 时刻等效应力云图

聚能水压爆破和聚能空气介质耦合装药结构爆破都在聚能方向上形成了定向裂纹，聚能空气介质爆破裂纹主要在聚能方向开展，在其他方向无明显次生裂纹出现，而聚能水压爆破裂纹主要集中在聚能方向和 45° 方向，由于水介质的可压缩性小，可以均匀传递爆轰压力，爆破时水介质发挥了缓冲作用，峰值压力下降变慢。水介质受到高温高压作用膨胀压缩为高水压侵入爆破产生的裂纹中形成"水楔"作用，加剧了破碎岩体中裂纹的延伸，所以聚能水压爆破的粉碎区较聚能空气介质爆破大，定向裂纹长度也比聚能空气耦合装药爆破长。

4.3　聚能水压爆破轴向不耦合装药结构优化分析

4.3.1　模型构建与方案设计

不同的装药结构形式对爆破孔壁压力、围岩内应力场及爆炸能量的有效利用影响较大，与最终的爆破效果密切相关，水介质的位置对于裂纹的扩展具有一定的影响。通过不同水介质分布，分别设计 6 种装药结构，模型尺寸为 80cm×80cm×52.5cm，每个水袋长 1.5cm，每个聚能管装置长 8cm，炮泥长度为 1.5cm，炮孔直径为 4.2cm，方案设计如图 4-16 所示。

基于 6 种不同装药结构，分别建立 6 个聚能水压爆破数值模型，以装药结构 1 为例建立的计算模型如图 4-17 所示，其余 5 个模型只是装药结构不同，其他都不变，每个模型的炮孔壁测点分布如图 4-18 所示，相邻测点的间距相等。

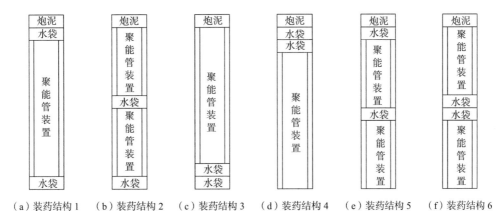

（a）装药结构1　（b）装药结构2　（c）装药结构3　（d）装药结构4　（e）装药结构5　（f）装药结构6

图 4-16　不同装药形式设计方案

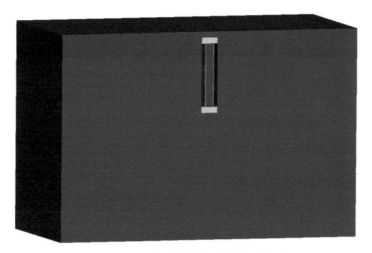

图 4-17　三维数值模型图（装药结构1）

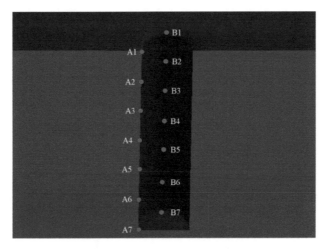

图 4-18　炮孔壁轴向测点位置图

4.3.2 炮孔壁压力特征对比分析

在炮孔壁上沿轴向分别布置测点，分析不同装药结构孔壁压力特征。以测点 A3 和测点 A5 为例，6 种装药结构下聚能方向炮孔壁压力时程曲线如图 4-19 和图 4-20 所示。

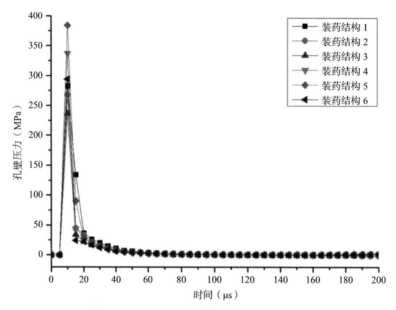

图 4-19 测点 A3 孔壁压力时程曲线

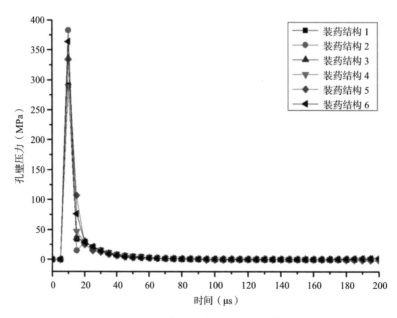

图 4-20 测点 A5 孔壁压力时程曲线

由图 4-19、图 4-20 可知，6 种装药形式的孔壁压力均是在 5μs 左右的极短时间内迅速上升，在 10μs 左右孔壁压力到达峰值，然后在 15μs 内急速下降。A3 和 A5 两个测点变化规律一致。就聚能方向的 A3 测点孔壁峰值压力而言，装药结构 5 > 装药结构 4 > 装药结构 6 > 装药结构 1 > 装药结构 2 > 装药结构 3。就聚能方向的 A5 测点孔壁峰值压力而言，装药结构 2 > 装药结构 6 > 装药结构 3 > 装药结构 5 > 装药结构 1 > 装药结构 4，对比分析两个测点不同装药结构孔壁压力变化可知，测点孔壁压力与水的布置位置关系密切。在非聚能方向上，6 种装药结构的孔壁压力基本相同。为分析轴向上孔壁的压力分布，得到孔壁轴向上聚能方向和非聚能方向上不同测点单元的峰值压力，如图 4-21 和图 4-22 所示。

在聚能方向上孔壁压力峰值差别较大，在炮孔上部，不同装药结构压力峰值规律变化一致，呈现快速上升趋势，其中装药结构 5 上部聚能装置两端均有水袋，孔壁压力值比其他装药结构大。在炮孔中部位置，孔壁压力呈现先下降后上升趋势，由于第 4 个测点位于装药结构 2 和装药结构 6 的水袋部位，峰值压力明显较小。在炮孔下部，孔壁压力呈现下降趋势，底部有水袋的孔壁压力下降明显，底部孔壁压力小，不利于孔底裂纹的开展。而在非聚能方向，孔壁压力峰值变化不大。总体来说，聚能装置两端存在水袋时，孔壁压力具有一定的优势，而炮孔底部水介质的存在，孔壁压力峰值小，

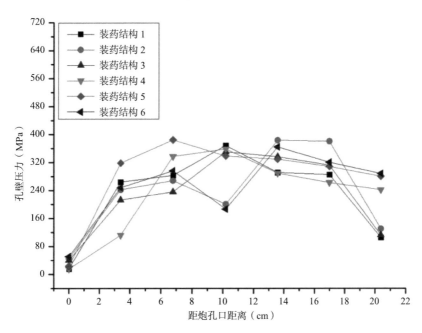

图 4-21　聚能方向孔壁压力时程曲线

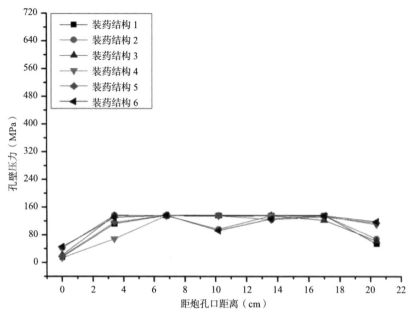

图 4-22 非聚能方向孔壁压力时程曲线

不利于底部岩石的破碎，使炮孔利用率大大降低，底部应增加炸药量，较好的装药结构布置形式为在装药结构 5 的基础上底部适当增大炸药量。

4.3.3 裂纹开展规律

通过数值模拟计算得到 6 种不同装药结构形式的聚能水压爆破裂纹开展最终结果，如图 4-23 所示。

不同的装药结构都形成了定向裂纹，但整体聚能效果差异性比较大。当水介质处于聚能装置下端时，爆轰产物能量没有得到充分利用，总体裂纹得不到充分扩展，当水介质处于聚能装置上端时，有利于炮孔上部岩石的粉碎，裂纹的开展与炮孔壁压力峰值有直接的关系，水袋的存在增大了粉碎区，且粉碎区大小与水袋的数量有一定的关系。从裂纹的扩展过程中得到，比较好的装药结构为在聚能装置两端布置水袋，而炮孔底部若装填水袋将导致底部孔壁峰值压力较小，很难造成炮孔底部岩石的破碎，使炮眼利用率大大降低，循环进尺减小，在实际施工中炮孔底部需适当增加炸药量以利于炮孔底部岩石裂纹的充分开展。

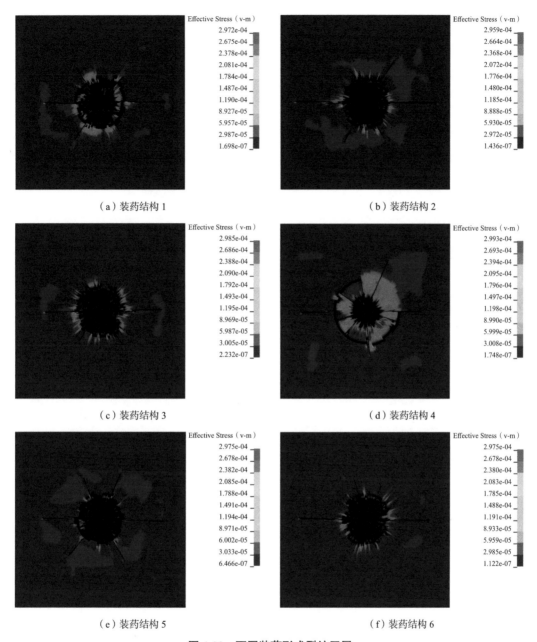

图 4-23 不同装药形式裂纹开展

4.4 聚能水压爆破轴向不耦合系数影响

4.4.1 计算模型

通过聚能水压爆破不同装药形式优化结果，得到聚能水压爆破最优装药形式为聚能装置两端布置水介质，孔口通过炮泥进行封堵。为了获得聚能水压爆破轴向不耦合系数对聚能水压爆破裂纹开展的影响，建立聚能水压爆破分析模型，除了炮孔底部外在聚能装置的两端布置水袋，炮泥进行堵塞，通过改变炸药与水袋的长度来改变轴向不耦合系数。轴向不耦合装药模型如图 4-24 所示，模型尺寸为 80cm × 80cm × 52.5cm，炮孔深度为 20.5cm，炮孔位于模型几何中心，聚能装置与水袋相隔分布，炸药的总长度分别为 12cm、13cm、14cm、15cm，水袋的总长度分别为 7cm、6cm、5cm、4cm，对应的不耦合系数分别为 1.58、1.46、1.36、1.27。

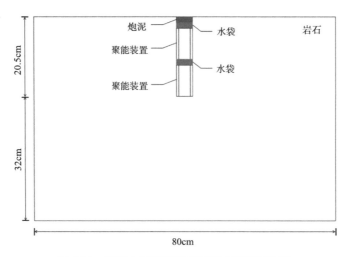

图 4-24 聚能水压爆破轴向不耦合装药示意图

4.4.2 计算结果分析

通过计算得到不同轴向不耦合系数聚能水压爆破裂纹开展结果如图 4-25 所示。

从图 4-25 中可以看出，不同轴向不耦合系数裂纹开展结果差异性较大，当轴向不耦合系数为 1.58 时，由于炸药装药量少，水袋占比高，定向裂纹的开展长度并未扩展到模型边界；随着装药量的增加，水袋的量减少，当轴向不耦合系数为 1.46 时，定向裂纹扩展到模型边界，由于炮孔上部水袋的量相对较多，炮孔周围并未形成较好的粉碎圈，且在 45° 方向产生了较长的次生裂纹；随着装药量的继续增加，水袋的量在相应减少，当轴向不耦合系数为 1.36 时，在聚能方向上裂纹扩展到模型边界，在其他方向次生裂纹少，爆破能量分布主要沿聚能方向抑制了其他方向裂纹的开展，且形成较大的粉碎圈；随着装药量的继续增加和水袋的量的减少，当轴向不耦合系数为 1.27 时，在聚能方向上裂纹扩展到边界的同时，在其他方向上也产生了较多的次生裂纹；通过

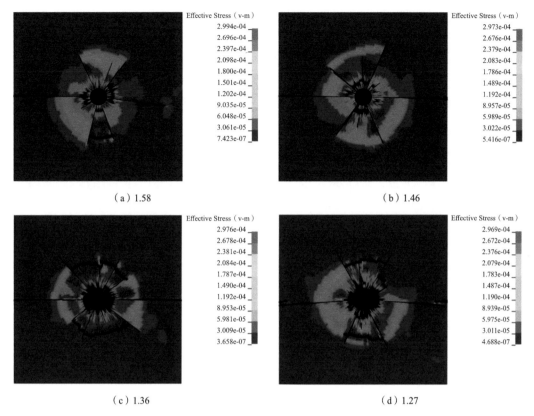

图 4-25 不同轴向不耦合系数聚能水压爆破裂纹开展

对不同轴向不耦合系数下聚能水压爆破裂纹开展对比结果,当不耦合系数为 1.36 时效果最佳,主裂纹沿聚能方向扩展,非聚能方向次生裂纹较短,聚能方向能量利用率高,实现了较好的爆破效果。

4.5 本章小结

本章建立了聚能水压爆破理论分析模型,通过模型试验开展了单孔聚能水压爆破裂纹开展特征分析,建立了数值分析模型,与模型试验进行对比验证数值模型的可靠性,研究了单孔聚能水压爆破应力波传播过程及孔壁压力特征,分析了围岩等效应力与裂纹开展规律,设计了不同装药结构方案进行优化,建立了最优聚能水压爆破装药结构形式,开展了轴向不耦合系数对聚能水压爆破裂纹扩展的影响,得出如下结论:

(1)聚能水压爆破提高了爆炸能量利用率,增大了爆破粉碎区,增强了爆源近区破坏作用，降低了爆源远区应力波的扰动，有利于爆生主裂纹的扩展，与聚能空气耦合装药爆破相比具有更好的定向爆破效果。

（2）不同装药结构对聚能水压爆破的效果影响较大，聚能装置两端水间隔装药结构爆破效果较好，孔壁压力具有一定的优势，炮孔底部水介质的存在导致底部孔壁压力小，降低炮孔利用率，应适当增加装药量。

（3）聚能水压爆破轴向不耦合系数影响爆破效果，过大和过小的轴向不耦合系数不能有效利用爆破能量，破碎圈小，次生裂纹多，聚能水压爆破存在最优轴向不耦合系数为 1.36。

CHAPTER 5
第 5 章

隧道双孔聚能爆破裂纹演化规律研究

基于聚能爆破破岩作用原理及单孔聚能爆破裂纹开展演化规律，本章重点分析双孔聚能爆破孔间裂纹贯通形成机理，建立双孔聚能爆破数值分析模型，研究双孔聚能爆破应力波传播规律及裂纹动态扩展过程，并与双孔传统爆破进行对比分析，揭示传统爆破超欠挖形成原因，研究不同炮孔间距和起爆时差双孔聚能爆破裂纹动态演化规律，建立双孔聚能爆破孔间裂纹贯通最大炮孔间距。

5.1 聚能爆破孔间裂纹贯通形成机理

双孔聚能爆破孔间裂纹贯通，是聚能射流、爆炸冲击波、应力波与爆生气体共同作用形成的结果，即聚能药包起爆后发生急剧化学反应，药型罩受到爆生气体强烈冲击压缩挤压作用，在聚能方向因爆轰作用产生极高压力，形成一股高速、高密度的聚能射流，聚能射流作用在炮孔壁上侵彻形成初始导向裂纹。在非聚能方向，聚能管外壳的存在对爆轰产物具有一定的缓冲作用，减小了爆轰产物对炮孔壁的直接作用，抑制了非聚能方向上裂纹的开展。聚能爆破形成的爆炸应力波作用及爆生气体的准静态作用促进裂纹的进一步扩展，当两爆破孔连心线上各点的张拉应力超过岩石的抗拉强度时，岩石失效，在两炮孔连心线上形成贯通裂纹。椭圆形双孔聚能爆破力学分析模型如图 5-1 所示。

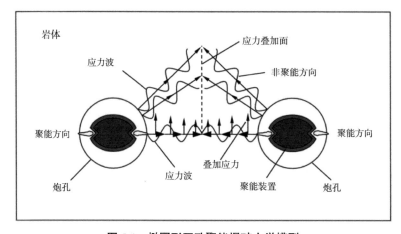

图 5-1　椭圆形双孔聚能爆破力学模型

双孔聚能爆破同时起爆，由波的叠加效应在应力叠加面处产生 2 倍的张拉应力，两炮孔中心位置张拉应力加强。气体从两爆破孔聚能方向分别进入并进行膨胀挤压，但应力波在传播过程中将在两炮孔聚能方向连线中点的垂线处产生应力波的叠加面，虽然应力波在传播过程中存在能量的损耗，但根据波的叠加其聚能方向力学计算式为：

$$\sigma_{t} = 2\int_{0}^{\frac{L}{2}} x \int_{0}^{\frac{\pi}{2}} \sigma_{r} \sin\theta \mathrm{d}\theta + \sigma_{qr} \quad (5\text{-}1)$$

式中，r 为岩石中任意一点到爆破孔中心的距离；L 为炮孔间距；σ_r 为岩石中任一点的峰值应力；σ_{qr} 为爆生气体压力。

取 $R=2r_0+L$ 为炮孔中心距，σ_r 即为任意一点处应力峰值，两炮孔之间垂直于径向的应力由炮孔向炮孔连线中心点递减，在中心点处进行叠加可得 $2\sigma_r\sin\theta+\sigma_{qr}$。当 L 不断增大时，爆炸应力波和爆生气体传播时间增大，应力波与爆生气体的衰减导致叠加应力场的效果减弱，不能有效促进裂纹的贯通。

5.2 双孔聚能爆破裂纹动态扩展分析

5.2.1 数值模型建立

建立炮孔孔径为 85mm 的聚能爆破计算模型，两炮孔距离为 70cm，如图 5-2 所示，聚能装置为椭圆形结构，聚能管为 PVC 材料，聚能管外壳厚度为 2mm，药型罩厚度为 1.8mm，聚能槽角度为 62°，模型周边设置无反射边界条件，测点布置如图 5-2 所示，A5 测点在模型的中心位置，每两个相邻测点的距离相等，材料参数与第 4 章一致。

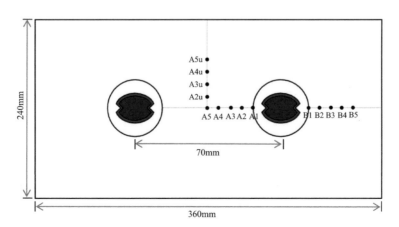

图 5-2 聚能爆破数值模型及测点布置图

5.2.2 应力波传播及裂纹开展

图 5-3 为双孔聚能爆破各时刻应力波传播过程。炸药起爆后，爆轰波首先作用在药型罩挤压形成聚能射流，聚能射流侵彻炮孔壁岩石在聚能方向形成初始裂纹，而在非聚能方向上，聚能管的存在减小了爆轰波与炮孔壁的直接接触，减少了非聚能方向上裂纹的形成与开展，随后裂纹在爆炸应力波与爆生气体作用下进一步扩展。

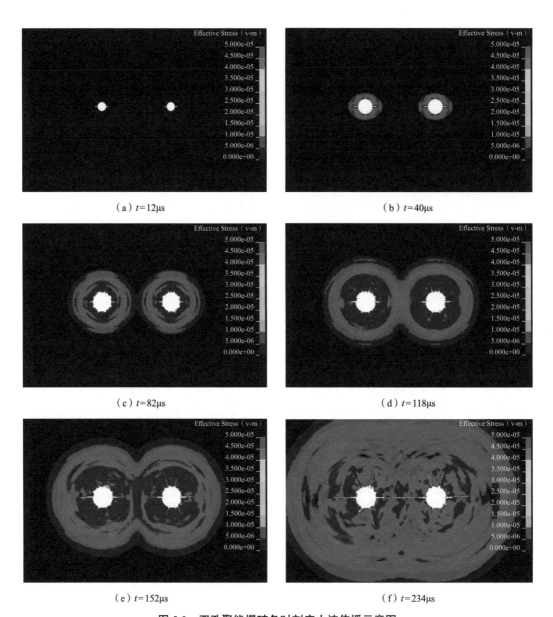

图 5-3 双孔聚能爆破各时刻应力波传播示意图

在 $t=12\mu s$ 时，在聚能方向聚能射流侵彻孔壁形成了一定深度的初始导向裂纹；在 $t=40\mu s$ 时，爆炸应力波以椭圆形向外传播；在 $t=82\mu s$ 时，两孔之间的应力波相遇，应力波在两炮孔中心开始发生叠加后继续传播；在 $t=118\mu s$ 时，由于应力波叠加作用在两炮孔中心区域应力得到明显加强；在 $t=152\mu s$ 时，聚能方向裂纹和其他方向随机裂纹均在不断扩展；在 $t=234\mu s$ 时，两孔之间在聚能方向形成贯通裂纹。

炮孔间连心线上测点及炮孔右侧测点的等效应力随时间变化的历程曲线如图 5-4、图 5-5 所示。其中 A1、A2、A3 测点与 B1、B2、B3 测点的变化基本一致，应力波衰减快，后期裂纹扩展主要受爆生气体作用。A4、A5 除了受爆生气体作用外，还有两孔应力叠加作用，而 B4、B5 测点由于爆生气体作用逐渐减弱，其等效应力也在逐渐减小。

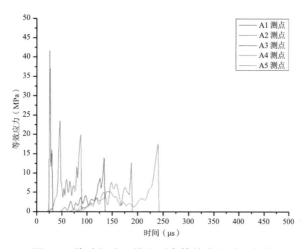

图 5-4　炮孔间连心线上测点等效应力时程曲线

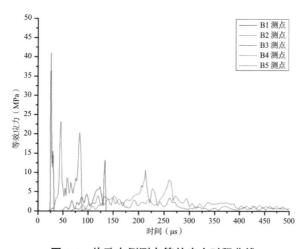

图 5-5　炮孔右侧测点等效应力时程曲线

5.2.3 与双孔传统爆破对比分析

建立炮孔孔径为 85mm 的双孔传统爆破计算模型，炸药量与双孔聚能爆破一致，测点布置如图 5-6 所示，A5 测点位于两炮孔连线中心位置，相邻测点间距离相等。

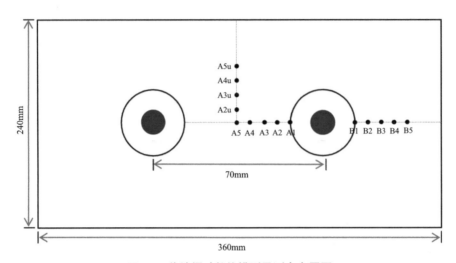

图 5-6　传统爆破数值模型及测点布置图

通过建立数值模型计算得到双孔传统爆破作用下应力波传播规律及裂纹动态演化过程，如图 5-7 所示。

炸药起爆后，爆炸高压冲击波作用于孔壁，炮孔近区由于受到强烈压缩，在炮孔周围首先形成了粉碎区，随着爆炸冲击波的衰减演变成应力波，在拉剪作用下形成径向裂纹，在 $t=82\mu s$ 时，孔间应力波相遇发生叠加效应，在炮孔周围已形成较多径向微

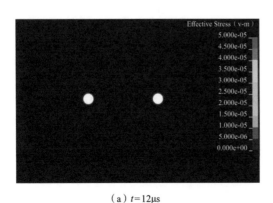

(a) $t=12\mu s$

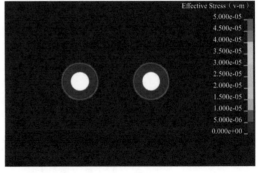

(b) $t=40\mu s$

图 5-7　双孔传统爆破各时刻应力波传播（一）

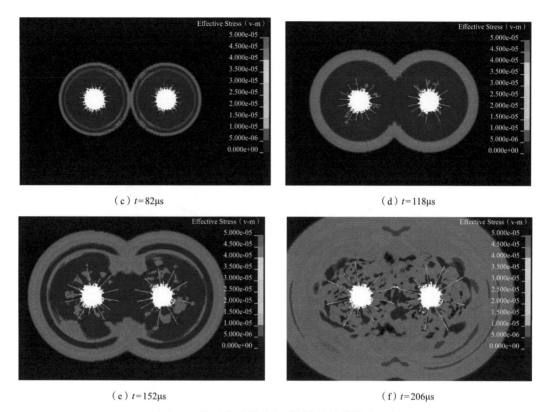

(c) $t=82\mu s$　　　　　　　　　　　　(d) $t=118\mu s$

(e) $t=152\mu s$　　　　　　　　　　　　(f) $t=206\mu s$

图 5-7　双孔传统爆破各时刻应力波传播（二）

裂纹，在 $t=82\mu s$ 和 $t=152\mu s$ 时可以看出裂纹一直在持续扩展，在 $t=206\mu s$ 时孔间裂纹贯通，传统爆破下会形成多方向随机裂纹，孔间炮孔连心线上由于受到两炮孔爆破引起的压缩应力波叠加作用，波阵面切线方向上的拉伸应力增大，应力得到加强，而在炮孔连心线中部两侧附近由于受到两爆破孔爆破引起的径向压缩应力和切向拉应力作用相互抵消而出现应力降低区，使得孔间裂纹数量明显比两侧裂纹少。传统爆破由于裂纹的随机无方向性，孔间裂纹扩展贯通后无法保证以直线贯通，孔间很难形成一条直线，容易造成超欠挖问题。

双孔聚能爆破和传统爆破作用各测点的峰值等效应力如图 5-8 和图 5-9 所示。测点布置如图 5-2 和图 5-6 所示。炮孔连心线 A1～A5 测点的峰值等效应力和炮孔右侧 B1～B5 测点的峰值等效应力基本一致。炮孔壁处峰值等效应力达到最大，远离炮孔中心，峰值等效应力逐渐减小。聚能爆破的炮孔壁处峰值等效应力比传统爆破的大，有利于聚能方向初始裂纹的开展，聚能爆破炮孔中心连线测点峰值等效应力衰减比传统爆破快，说明爆破后期裂纹开展主要依靠爆生气体作用，炮孔中心连线垂直方

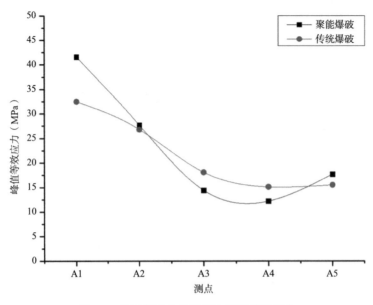

图 5-8　炮孔间中心连线测点峰值等效应力

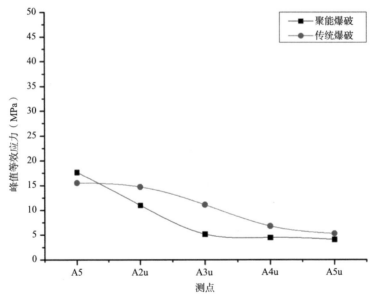

图 5-9　垂直炮孔间中心连线测点峰值等效应力

向，除炮孔连心线中心测点外，传统爆破的测点峰值等效应力始终比聚能爆破大，聚能爆破峰值等效应力在除聚能方向外明显较小，说明聚能爆破可以减小非聚能方向岩石损伤。

通过开展双孔聚能爆破与双孔传统爆破岩石裂纹动态演化规律及力学分析，得到聚能爆破首先在聚能射流侵彻作用下形成初始导向裂纹，而后在爆炸冲击波、应力波及爆生气体准静态作用下裂纹延伸扩展，在聚能方向形成贯通裂纹；双孔传统爆破在爆炸冲击波作用下炮孔周围受压形成粉碎区，在应力波作用下形成较多随机裂纹，后期在爆生气体准静态作用下延伸扩展形成贯通裂纹，由于传统爆破裂纹发育多，增大了对岩体的损伤破坏，裂纹很难保证沿炮孔连心线贯通，是造成超欠挖的主要原因。聚能爆破通过在聚能射流作用下形成导向裂缝，改变了爆炸能量分布，随后在应力波和爆生气体作用下优先沿着导向裂缝开展，同时抑制了其他方向的裂纹开展，使裂纹在炮孔连心线贯通，避免了超欠挖，同时由于在其他方向能量分布少，避免了对保留岩体造成的损伤破坏。同时，由于传统爆破裂纹开展的随机性及能量的分散性，较难实现聚能爆破中的扩大炮孔间距，因此，聚能爆破法不仅可以保证爆破效果，还可以减少炮孔数量，从而减少总体装药量，提高施工效率。

5.3 炮孔间距对聚能爆破孔间裂纹扩展的影响

5.3.1 计算模型

为研究炮孔间距对聚能爆破应力波传播过程及孔间裂纹开展规律的影响，建立炮孔孔径为 85mm 的椭圆双向线型双孔聚能爆破计算模型，两个炮孔间的距离 a 分别为 80cm、90cm、100cm、110cm，模型中材料参数与第 4 章一致，如图 5-10 所示建立 4 个计算模型，模型周边在软件中添加无反射边界条件。

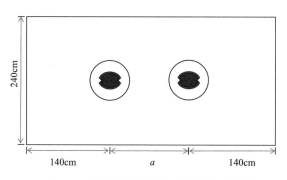

图 5-10 不同炮孔间距双孔聚能爆破模型

5.3.2 不同炮孔间距应力波传播及裂纹开展

采用数值模拟分析不同炮孔间距双孔聚能爆破应力波传播及裂纹开展动态演化过程，通过保持其他因素不变，采用炸药中心点同时起爆，只改变炮孔间距，分别得到炮孔间距为 80cm、90cm、100cm、110cm 的双孔聚能爆破应力波传播及裂纹动态演化过程，如图 5-11~图 5-14 所示。

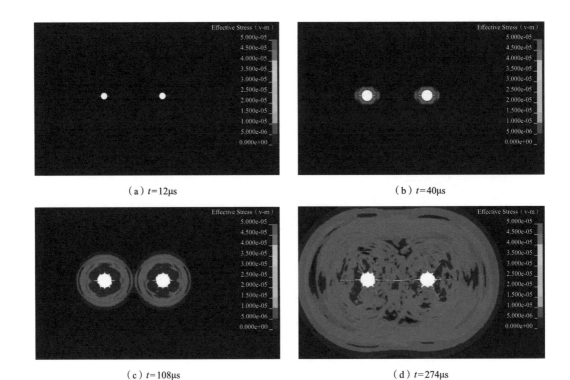

图 5-11 炮孔间距为 80cm 裂纹扩展过程

图 5-11 为炮孔间距 80cm 双孔聚能爆破时应力波传播及裂纹动态演化扩展过程，可以看出，在 $t=12\mu s$ 时聚能射流在聚能方向炮孔壁侵彻形成了导向初始裂纹，在 $t=40\mu s$ 时应力波以椭圆形向外传播，在炮孔周围形成一定范围的粉碎区，裂纹除在聚能方向持续扩展外，在其他方向也开始产生较少的随机裂纹，在 $t=108\mu s$ 时应力波在两炮孔中心相遇开始发生叠加，在炮孔连线中心附近形成应力加强区，聚能方向裂纹和其他方向随机裂纹在爆生气体作用下持续开展，在 $t=274\mu s$ 时聚能方向裂纹沿两炮孔中心连线方向形成贯通裂纹。

第 5 章　隧道双孔聚能爆破裂纹演化规律研究

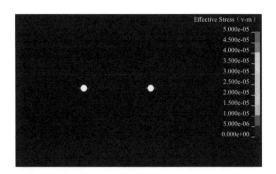
（a）t=12μs

（b）t=40μs

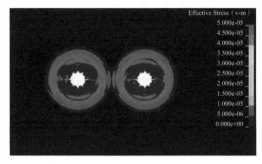
（c）t=122μs

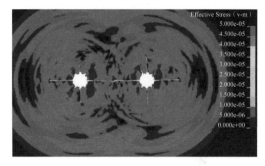
（d）t=312μs

图 5-12　炮孔间距为 90cm 裂纹扩展过程

图 5-12 为炮孔间距 90cm 双孔聚能爆破时应力波传播及裂纹动态演化扩展过程，可以看出，其爆破过程中应力波传播特征及裂纹开展过程与炮孔间距为 80cm 双孔聚能爆破基本一致，在 $t=12\mu s$ 时聚能射流在聚能方向炮孔壁侵彻形成了导向初始裂纹，在 $t=40\mu s$ 时应力波以椭圆形向外传播，随着炮孔间距的增加，两炮孔爆破后应力波在炮孔中心连线区域相遇时间也在推后，在 $t=122\mu s$ 时应力波以两炮孔中心相遇，在 $t=312\mu s$ 时裂纹沿两炮孔中心连线方向贯通。

图 5-13 为炮孔间距 100cm 双孔聚能爆破时应力波传播及裂纹动态演化扩展过

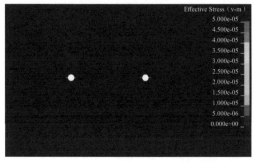
（a）t=12μs

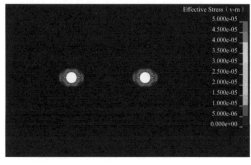
（b）t=40μs

图 5-13　炮孔间距为 100cm 裂纹扩展过程（一）

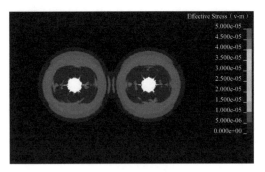
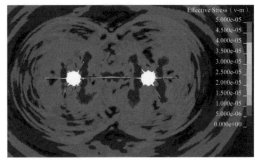

(c) $t=134\mu s$ (d) $t=378\mu s$

图 5-13 炮孔间距为 100cm 裂纹扩展过程（二）

程，从图中可得，在 $t=12\mu s$ 时在聚能方向聚能射流侵彻炮孔壁形成了初始裂纹，在 $t=40\mu s$ 时应力波以椭圆形向外传播，在 $t=134\mu s$ 时应力波在两炮孔中心相遇，在 $t=378\mu s$ 时裂纹沿两炮孔中心连线方向贯通。

图 5-14 为炮孔间距 110cm 双孔聚能爆破时应力波传播及裂纹动态演化扩展过程，从图中可得，在 $t=12\mu s$ 时在聚能方向聚能射流侵彻炮孔壁形成了初始裂纹，在

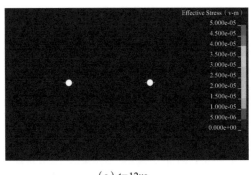

(a) $t=12\mu s$ (b) $t=40\mu s$

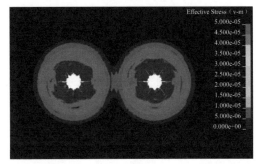
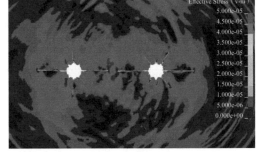

(c) $t=150\mu s$ (d) $t=600\mu s$

图 5-14 炮孔间距为 110cm 裂纹扩展过程

t=40μs 时应力波以椭圆形向外传播,在 t=150μs 时应力波波阵面在两炮孔中心相遇,在 t=600μs 时停止扩展但未能形成贯通裂纹。

通过建立不同炮孔间距聚能爆破数值计算模型,分析应力波传播及裂纹动态演化过程,得到不同炮孔间距下聚能爆破的裂纹开展机理基本一致,裂纹主要沿聚能方向开展,非聚能方向裂纹分布少,聚能爆破改变了能量分布,抑制了非聚能方向裂纹的开展,随着炮孔间距的增加,应力波在孔间相遇时刻逐渐延迟。对比不同炮孔间距下聚能爆破方案,当炮孔间距为 80~100cm 时爆生主裂纹在聚能方向上都形成了贯通,但当炮孔间距为 110cm 时在聚能方向无法形成贯通裂纹。

5.3.3 不同炮孔间距单元有效应力特征分析

通过建立的不同炮孔间距双孔聚能爆破数值模型计算结果,分析炮孔间沿炮孔连线中心处单元的有效应力变化,得到不同孔间距双孔聚能爆破测点有效应力时程曲线如图 5-15 所示。

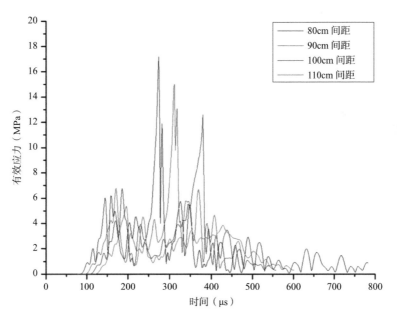

图 5-15 不同炮孔间距聚能爆破测点有效应力时程曲线

从炮孔间距为 80cm、90cm、100cm、110cm 时聚能爆破孔间中心测点有效应力变化可得,不同孔间距下有效应力变化趋势为先上升再下降、再上升到下降的过程,第一个峰值主要是由爆破应力波作用引起,爆生气体作用速度较应力波慢,后期主要在爆生气体准静态作用下发生破坏。随着炮孔间距的增加，测点的有效应力峰值也在不断减小，在炮孔间距为 80cm 时，中心测点的有效应力峰值为 17.2MPa；在炮孔间距为 90cm 时，中心测点的有效应力峰值为 15.0MPa；在炮孔间距为 100cm 时，中心测点的有效应力峰值为 12.6MPa；在炮孔间距为 110cm 时，中心测点的有效应力峰值为 3.8MPa。较为理想的炮孔间距应为主裂纹形成贯通的同时不引起孔间区域的过度破坏，当炮孔间距为 110cm 时，主裂纹间并未形成贯通，说明炮孔间距过大，过小的炮孔间距则会造成炮孔中心区域环向裂纹增多，影响爆破效果。

5.4 起爆时差对聚能爆破孔间裂纹扩展的影响

5.4.1 计算模型

工程实际中很难保证炮孔同时起爆，即使使用相同段别的雷管，在起爆时炮孔间通常还会存在一定的时差。为研究起爆时差对聚能爆破应力波传播过程及孔间裂纹动态扩展的影响，建立炮孔孔径为 85mm 的双孔椭圆线型双向聚能爆破数值分析模型，炮孔间距设置为 90cm，延迟时间分别为 20μs、50μs、80μs、110μs，模型中材料参数与第 4 章一致，建立如图 5-16 所示的 4 个数值计算模型，模型周边在软件中添加无反射边界条件。

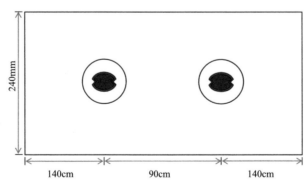

图 5-16　聚能微差爆破数值模型

5.4.2 不同微差时间聚能爆破应力波传播及裂纹开展

采用数值模拟分析不同微差时间双孔聚能爆破应力波传播及裂纹开展动态演化过程，通过保持其他因素不变，采用炸药中心点起爆，左侧炮孔优先起爆，右侧炮孔的起爆时间分别延迟 20μs、50μs、80μs、110μs，分别得到不同微差时间的双孔聚能爆破应力波传播及裂纹动态演化过程如图 5-17 ~ 图 5-20 所示。从图中最终裂纹开展结果可以看出，虽然都形成了贯通裂纹，但微差爆破下孔间应力波的传播规律及裂纹贯通发展过程存在一定的差异。

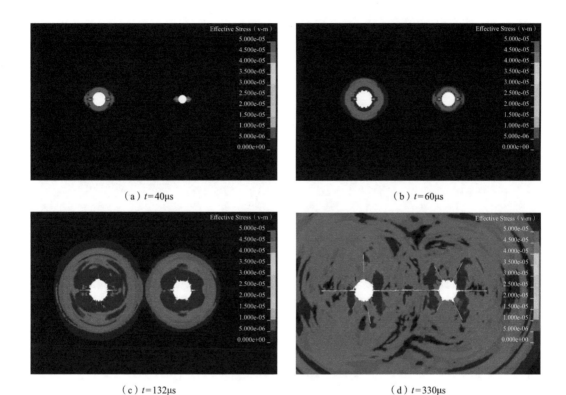

图 5-17　微差时间为 20μs 时的爆破裂纹扩展

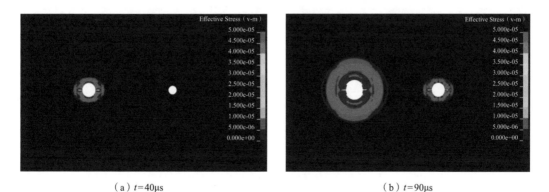

图 5-18　微差时间为 50μs 时的爆破裂纹扩展（一）

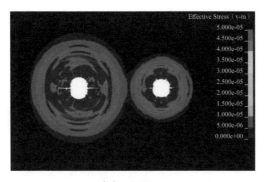

（c）$t=146\mu s$

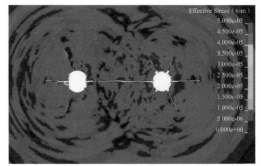

（d）$t=352\mu s$

图 5-18　微差时间为 50μs 时的爆破裂纹扩展（二）

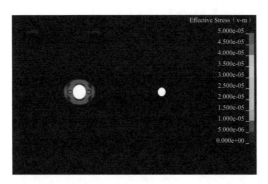

（a）$t=40\mu s$

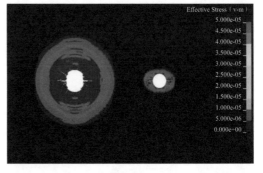

（b）$t=120\mu s$

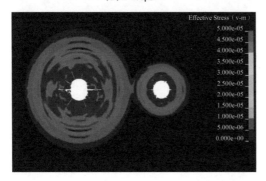

（c）$t=158\mu s$

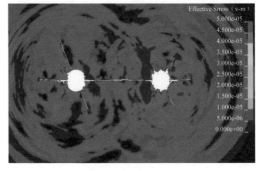

（d）$t=370\mu s$

图 5-19　微差时间为 80μs 时的爆破裂纹扩展

从图 5-17 微差时间为 20μs 应力波传播及裂纹开展过程中可以看到，在起爆孔先起爆初期，聚能射流在先起爆孔侵彻出导向裂纹，随后应力波以椭圆形向外传播，导向裂纹在应力波和爆生气体共同作用下得到持续扩展，类似于单孔起爆。在 $t=40\mu s$ 时，左侧先爆破孔应力波正以椭圆形向外传播，而右侧后爆破孔则刚侵彻出初始裂纹，在 $t=60\mu s$ 时，右侧爆破孔应力波正以椭圆形向外传播，两孔爆破前期均与单孔爆破类似，

在 $t=132\mu s$ 时，两爆破孔应力波相遇发生叠加，在 $t=330\mu s$ 时孔间裂纹贯通形成定向断裂面。

从图 5-18 微差时间为 $50\mu s$ 应力波传播及裂纹开展过程中可以看到，在 $t=40\mu s$ 时，左侧先爆破孔应力波正以椭圆形向外传播，而右侧后爆破孔还未开始起爆，而在 $t=90\mu s$ 时，右侧爆破孔应力波正以椭圆形向外传播，在 $t=146\mu s$ 时，应力波相遇开始发生叠加效应，在 $t=352\mu s$ 时孔间裂纹贯通形成定向断裂面。

从图 5-19 微差时间为 $80\mu s$ 应力波传播及裂纹开展过程中可以看到，在 $t=40\mu s$ 时，左侧先爆破孔应力波正以椭圆形向外传播，而右侧后爆破孔还未开始起爆，而在 $t=120\mu s$ 时，右侧爆破孔应力波正以椭圆形向外传播，在 $t=158\mu s$ 时，应力波相遇开始发生叠加效应，在 $t=370\mu s$ 时孔间裂纹贯通形成定向断裂面。

从图 5-20 微差时间为 $110\mu s$ 应力波传播及裂纹开展过程中可以看到，在 $t=40\mu s$ 时，左侧先爆破孔应力波正以椭圆形向外传播，而右侧后爆破孔还未开始起爆，而在 $t=150\mu s$ 时，右侧爆破孔应力波正以椭圆形向外传播，在 $t=174\mu s$ 时，应力波相遇开始发生叠加效应，在 $t=428\mu s$ 时孔间裂纹贯通形成定向断裂面。

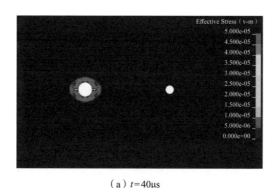

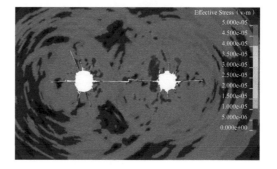

图 5-20　微差时间为 $110\mu s$ 时的爆破裂纹扩展

5.5　本章小结

本章通过建立双孔聚能爆破数值模型,分析了双孔聚能爆破裂纹贯通形成机理,研究了双孔聚能爆破应力波传播及裂纹演化过程,分析了炮孔间距、微差时间对裂纹扩展的影响,得出如下结论:

(1)理论上分析了聚能爆破孔间裂纹贯通形成机理,炮孔间连线上各点的张拉应力大于岩石抗拉强度时,孔间裂纹得以贯通,双孔爆破存在应力波叠加,在应力叠加面张拉应力叠加可适当增大炮孔间距。

(2)传统爆破下会形成多方向随机裂纹,双孔很难形成一条直线贯通,容易造成超欠挖问题,椭圆双向线型聚能爆破可以改变能量分布,将能量在聚能方向上汇聚,有利于聚能方向裂纹的开展,对于非聚能方向起到一定的抑制作用。

(3)炮孔间距对聚能爆破效果的影响较大,随着炮孔间距的增加,孔间连心线中心处单元的有效应力峰值逐渐降低,炮孔间距在100cm内均可形成定向贯通裂纹,当炮孔间距为110cm,炮孔主裂纹间未能形成贯通。

(4)微差时间对聚能爆破孔间裂纹的动态演化具有一定的影响,随着微差时间的增加,先爆破孔裂纹开展在孔间贯通裂纹中所占的比例逐渐增大,裂纹贯通位置向后爆破孔逐渐接近。

CHAPTER 6
第 6 章

隧道多孔聚能爆破裂纹演化规律及在周边孔中的应用研究

在实际工程爆破中一般采用多孔爆破，多孔爆破应力波传播规律及孔间裂纹贯通形成机理更为复杂。现有研究工作大多围绕单孔聚能爆破开展，对于多孔聚能爆破的研究主要依赖现场应用，很难揭示多孔爆破作用应力场的叠加效应、围岩裂纹形成孔间贯通演化机理和围岩损伤衰减规律。本章首先分析周边多孔聚能爆破裂纹贯通形成机理，然后建立多孔传统爆破与多孔聚能爆破数值模型，进行对比分析多孔爆破时应力波的传播规律及裂纹扩展贯通过程，最后基于工程实际应用，建立隧道周边孔传统爆破与聚能爆破数值模型，并与工程实际现场试验效果对比，分析围岩损伤变化规律，提出周边孔聚能爆破优化方案。

6.1 周边多孔聚能爆破裂纹贯通形成机理

在传统的光面爆破中，通常采用不耦合装药方式来降低爆破能量对炮孔壁的过度作用，从而保护围岩不受到严重损伤破坏。传统的光面爆破装药结构，炸药起爆后炮轰作用均匀作用在炮孔壁各个方向，传统的光面爆破除了在周边孔间形成贯通裂纹外，在其他方向也会有较多的径向裂纹，对围岩稳定造成严重的影响，特别是在软弱围岩爆破开挖中，很容易造成超欠挖问题，不利于隧道的长期稳定。聚能爆破通过改变传统爆破中药卷形状，利用药型罩的聚能效应，炸药爆炸后首先在聚能方向形成高温、高压、高速的聚能射流，聚能射流侵彻炮孔壁产生初始导向裂纹，同时聚能装药结构改变了爆破能量分布，使聚能方向上汇聚更多的能量，有利于聚能方向裂纹的开展，对于非聚能方向起到一定的抑制作用，在爆生气体的准静态压力作用下，致使裂纹持续扩展，孔间裂纹沿聚能方向形成贯通。

多个炮孔同时起爆，在炮孔间连心线上应力会产生爆炸应力波和爆生气体准静态应力场的叠加，促进裂纹的扩展，从而在炮孔连心线上形成贯通裂纹。爆炸冲击波作用造成炮孔周边压碎破坏，从而在炮孔附近形成粉碎区，随着爆炸冲击波的不断传播衰减演变为应力波，在拉剪作用下炮孔周围形成径向裂纹，应力波传播会产生径向压应力及切向拉应力，当孔间应力波相遇时发生叠加，径向压应力作用抵消，而切向拉应力发生叠加，环向拉应力增强，超过岩石的抗拉强度时岩体发生受拉破坏，从而促进裂纹的开展。爆生气体膨胀扩散到已形成的径向裂纹中，在"气楔"作用下裂纹尖端岩体拉应力增大，进一步促进裂纹的扩展，沿炮孔连线方向形成贯通裂纹。

总体来说，隧道周边孔聚能爆破下孔间裂纹的贯通，主要包括初始裂纹的形成和裂纹的扩展两个方面。聚能爆破形成聚能射流侵彻炮孔壁产生初始导向裂纹，避免了裂纹开展的随机性，裂纹尖端应力集中，优先起裂，减小了裂纹在聚能方向上起裂和扩展需要达到的压力，随后在应力波和爆生气体综合作用下致使裂纹持续扩展，由于在聚能方向集聚的爆轰能量较多，且在压碎区形成阶段消耗的能量少，聚能方向围岩裂纹发育与扩展程度高。而在非聚能方向，爆轰阶段分布的爆炸能量较少，且在压碎区形成阶段消耗的能量较多，围岩裂纹的发育与扩展程度较低，当炮孔连线上岩石各点的张拉应力超过岩石的抗拉强度时，形成贯通裂纹。与传统爆破相比，聚能爆破裂纹主要沿着炮孔连线方向开展，其他方向产生的裂纹少，避免了超欠挖现象，大大提高了隧道周边成形质量，降低了对保留岩体造成的损伤，扩大了炮孔间距，在隧道周边形成光滑的轮廓面，如图 6-1 所示。

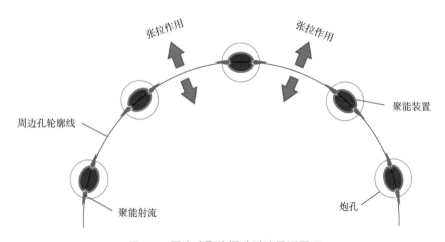

图 6-1　周边孔聚能爆破裂纹贯通原理

与传统光面爆破相比，聚能爆破作用下，爆轰产物首先作用于聚能药包的药型罩形成聚能射流，聚能射流侵彻炮孔壁在聚能方向上产生初始裂纹，对于初始裂纹的起裂及扩展，较小的荷载作用即可实现，从而达到孔间裂纹的贯通。因此，采用聚能爆破技术可以有效减少炮孔中的装药量，适当扩大炮孔间距，总装药量的减少有效降低了对保留岩体的损伤。

6.2 多孔聚能爆破数值模拟对比分析

6.2.1 多孔爆破分析模型建立

为研究多孔聚能爆破应力波传播规律及裂纹动态演化形成孔间裂纹贯通过程，并与传统多孔爆破对比分析，分别建立多孔传统爆破和多孔聚能爆破数值分析模型，模型尺寸为 360cm×240cm×0.2cm，炮孔间距分别为 60cm、60cm、50cm 和 50cm，炮孔直径为 4.2cm，材料参数与前文一致，5 个炮孔同时起爆，数值模型如图 6-2、图 6-3 所示，模型周边在软件中添加无反射边界条件。

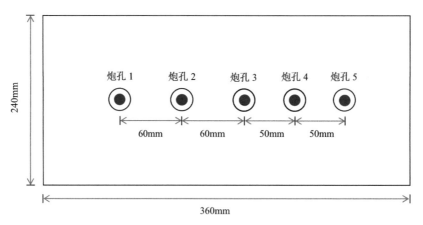

图 6-2　多孔传统爆破数值模型

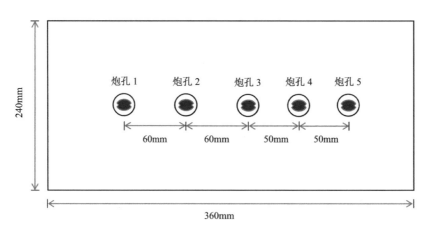

图 6-3　多孔聚能爆破数值模型

6.2.2 多孔传统爆破应力波传播及裂纹开展

图 6-4 为多孔传统爆破应力波传播及裂纹动态演化过程。炸药爆轰作用产生爆

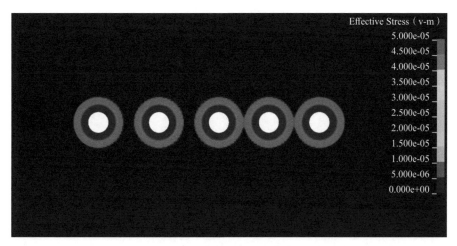

(a) $t=58\mu s$

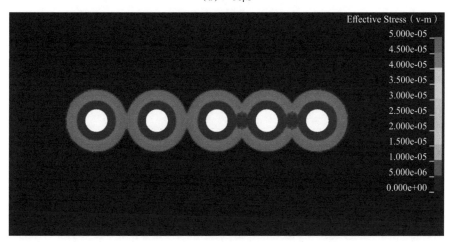

(b) $t=72\mu s$

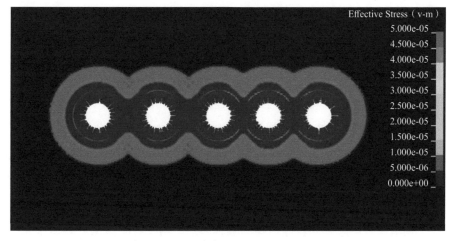

(c) $t=118\mu s$

图 6-4　多孔传统爆破应力波传播及裂纹动态演化（一）

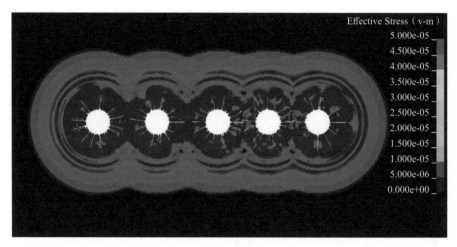

(d) $t=170\mu s$

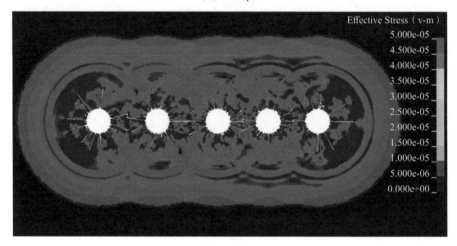

(e) $t=208\mu s$

图 6-4 多孔传统爆破应力波传播及裂纹动态演化（二）

炸冲击波，从而造成炮孔周边压碎破坏形成粉碎区，在 $t=58\mu s$ 时，最右侧三孔因孔间距小应力波优先相遇，由于左侧三个炮孔孔间距比右侧三个炮孔孔间距大，到了 $t=72\mu s$ 时，最左侧三孔应力波相遇开始发生叠加。在 $t=118\mu s$ 时，各炮孔周围出现较多微裂纹分布在炮孔周围。在 $t=170\mu s$ 时，最右侧三个炮孔孔间形成了贯通裂纹，到了 $t=208\mu s$ 时，最左侧三孔孔间也形成了贯通裂纹。从图中可以看出，不同的炮孔间距对裂纹的产生和扩展均会造成一定的影响，由于孔间连心线中部两侧附近出现了应力降低区，在炮孔之间裂纹数量明显比两侧裂纹少。由于传统爆破裂纹随机产生开展，孔间裂纹很难在炮孔中心线形成贯通裂纹，这也是造成超欠挖的根本原因所在。

6.2.3　多孔聚能爆破应力波传播及裂纹开展

图 6-5 为多孔聚能爆破应力波传播及裂纹动态演化过程。炸药爆炸爆轰产物作用于药型罩而形成聚能射流，在 $t=4\mu s$ 时，聚能射流作用在炮孔壁形成导向裂纹，在 $t=76\mu s$ 时，最右侧三孔因孔间距小应力波优先相遇，到了 $t=92\mu s$ 时，最左侧三孔应力波相遇开始发生叠加，炮孔间距越大，孔间应力波相遇发生叠加效应的时间越晚。由于聚能爆破炸药起爆后首先作用在聚能管，影响了爆轰波的直接传播，孔间应力波相遇时间较传统爆破晚。在 $t=202\mu s$ 时，最右侧三孔孔间形成了贯通裂纹，到了 $t=244\mu s$ 时，最左侧三孔孔间也形成了贯通裂纹，在孔间连心线上形成 5 孔间贯通裂纹，达到定向断裂，从根本上解决了超欠挖问题。

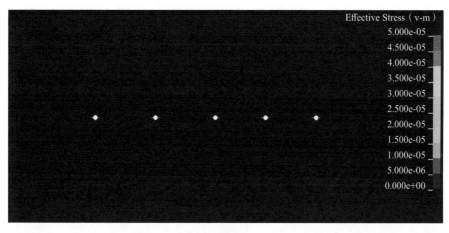

（a）$t=6\mu s$

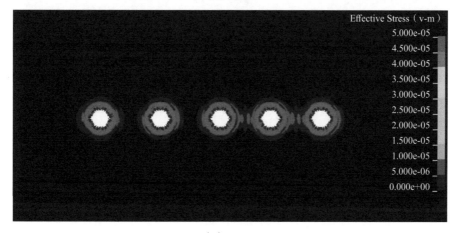

（b）$t=76\mu s$

图 6-5　多孔聚能爆破应力波传播及裂纹动态演化（一）

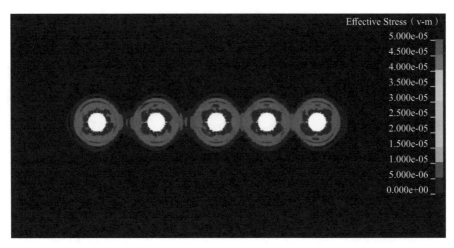

(c) $t=92\mu s$

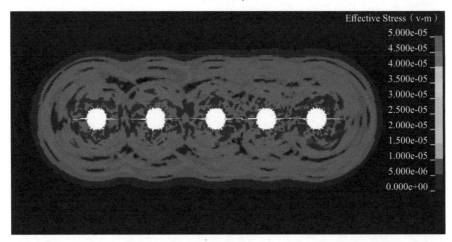

(d) $t=202\mu s$

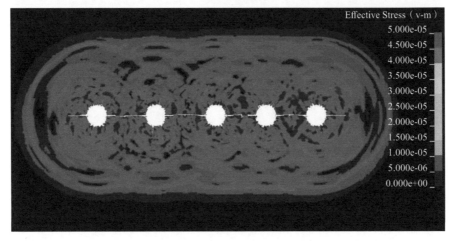

(e) $t=244\mu s$

图 6-5 多孔聚能爆破应力波传播及裂纹动态演化（二）

6.2.4 多孔爆破围岩应力分析

为分析多孔传统爆破和多孔聚能爆破作用下围岩应力特征，选取炮孔间单元为研究对象进行应力分析，测点布置如图 6-6 所示，A、B、C、D 测点分别位于相邻炮孔连线中点处。

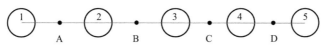

图 6-6 多孔爆破应力分析测点布置

多孔传统爆破和多孔聚能爆破各单元应力时程曲线如图 6-7 和图 6-8 所示。多孔传统爆破下 $t=100\mu s$ 时应力波在 C、D 单元处开始相遇叠加，$t=112\mu s$ 时应力波在 A、B 单元处开始相遇叠加，A、B 单元峰值等效应力小于 C、D 单元峰值等效应力。多孔聚能爆破下 $t=123\mu s$ 时应力波在 C、D 单元处开始相遇叠加，$t=137\mu s$ 时应力波在 A、B 单元处开始相遇叠加，A、B 单元峰值等效应力同样小于 C、D 单元峰值等效应力。

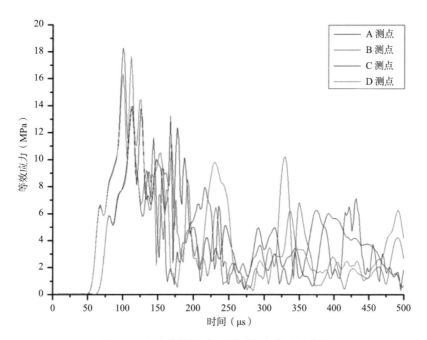

图 6-7 多孔传统爆破不同测点应力时程曲线

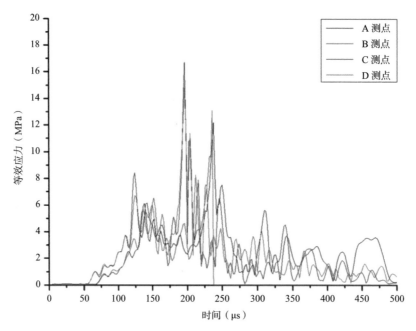

图 6-8　多孔聚能爆破不同测点应力时程曲线

通过多孔爆破中不同炮孔间距测点单元等效应力分析可得，炮孔间距对孔间连心线中点处单元的等效应力峰值具有一定的影响，炮孔间距越小，等效应力峰值越大，合适的炮孔间距对于孔间岩体进行了二次作用，当炮孔连心线上各点单元的张拉应力超过岩石的抗拉强度时，形成贯通裂纹。过小的炮孔间距会增加粉碎区，造成炮孔中心区域环向裂纹增多，能量浪费；过大的炮孔间距，炮孔间很难形成贯通裂纹，因此在进行多孔爆破参数设计时，炮孔间距的合理选择，有利于炮孔数量的减少，提高钻孔效率，节约成本。

6.3　隧道聚能爆破在周边孔中的应用研究

6.3.1　工程概况

兴泉铁路宁全段 3 标金井隧道为单线隧道，全长 7292m，隧道全长中Ⅱ级、Ⅲ级、Ⅳ级、Ⅴ级围岩的长度分别为 1540m、3830m、1590m 和 800m。采用上下台阶法爆破施工，其中上台阶光面爆破炮孔布置如图 6-9 所示，相关爆破参数见表 6-1。上台阶开挖采用全断面爆破施工，循环进尺为 2.5m。

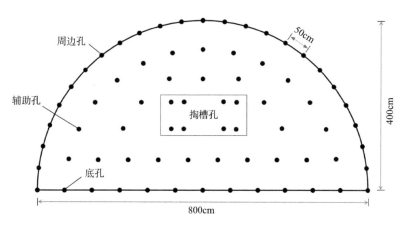

图 6-9　隧道上台阶光面爆破炮孔布置图

爆破参数　　　　　　　　　　　表 6-1

序号	炮眼分类	炮眼数（个）	炮孔长度（m）	总装药量（kg）	起爆顺序
1	掏槽孔第一楔	4	1.6	5.8	1
2	掏槽孔第一楔	4	1.75	6.4	2
3	辅助孔	28	1.6	22.4	3
4	底孔	13	1.6	13.0	4
5	周边孔	23	1.6	9.2	5

隧道面临自身塌方、隧道涌水、大变形以及附近周围环境控制等多方面风险因素，尤其是在爆破作业过程中，容易对隧道不良地质产生扰动，从而诱发地质灾害，导致在隧道施工过程中施工难度大、工期长。

隧道开挖现场周边孔采用传统爆破施工时易造成超欠挖，影响工程进度，增加施工成本，在隧道周边孔通过采用聚能爆破技术，隧道周边形成光滑的轮廓面，炮孔壁周围次生裂纹少，避免了超欠挖现象。

本节基于工程实际应用，通过建立周边孔传统爆破和聚能爆破数值分析模型，分析周边孔传统爆破与聚能爆破应力波传播、裂纹动态演化过程及振动传播衰减规律，并与现场实际施工效果进行对比验证，揭示隧道周边孔聚能爆破方法的裂纹贯通形成机理及其优越性。

6.3.2 传统爆破与聚能爆破模型的建立

建立周边孔传统爆破和周边孔聚能爆破数值模型,断面尺寸及炮孔布置与实际一致,如图 6-10 所示,相邻炮孔间距为 50cm,炮孔直径 4.2cm。周边孔采用同时起爆,模型材料参数与前文一致,模型周边在软件中添加无反射边界条件。

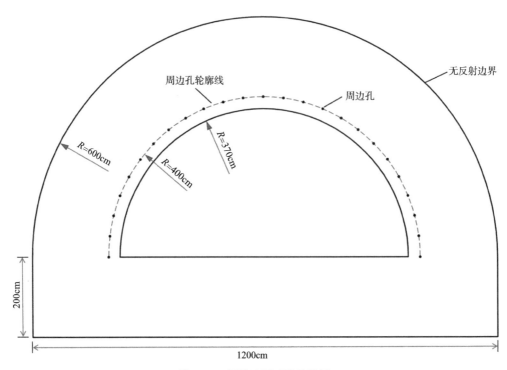

图 6-10 周边孔爆破数值模型

6.3.3 结果与分析

(1) 传统爆破应力波传播及裂纹动态演化

图 6-11 为不同时刻传统爆破法施工周边孔同时起爆应力波传播与裂纹开展过程,在 $t=36\mu s$ 时,各炮孔变化一致,在强大的爆轰压力下各炮孔附近形成了粉碎区,在孔间应力波未发生叠加效应前,各个炮孔应力波传播及裂纹开展与单孔爆破类似;在 $t=62\mu s$ 时,炮孔间应力波相遇开始叠加产生相互影响,各炮孔周围产生了微小裂纹,裂纹向各个方向随机开展;在 $t=150\mu s$ 时,各个方向裂纹在爆炸应力波和爆生气体准静态应力场的叠加作用下得到持续开展;在 $t=204\mu s$ 时,孔间形成了贯通裂纹,同时在炮孔周边形成较多的随机径向裂纹。

第 6 章 隧道多孔聚能爆破裂纹演化规律及在周边孔中的应用研究

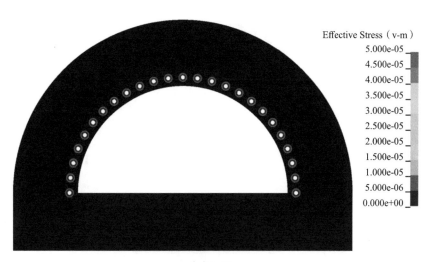

（a）$t=36\mu s$

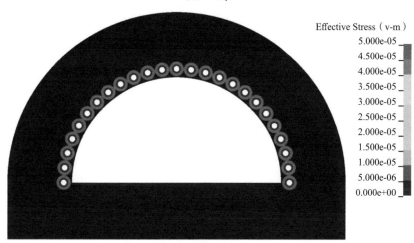

（b）$t=62\mu s$

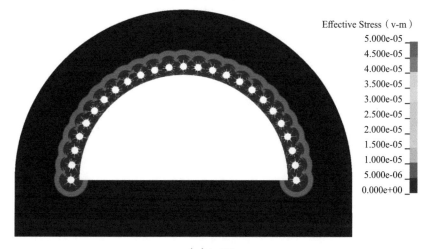

（c）$t=150\mu s$

图 6-11 周边孔传统爆破不同时刻裂纹动态演化（一）

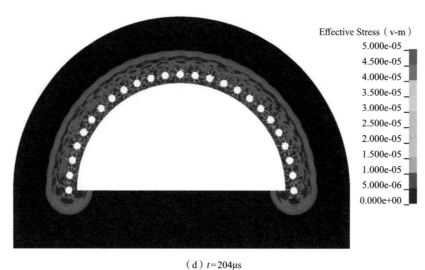

（d）$t=204\mu s$

图 6-11　周边孔传统爆破不同时刻裂纹动态演化（二）

通过数值模拟得到隧道传统周边孔爆破最终超欠挖结果如图 6-12 所示，最大超挖达到 20.1cm，而在实际工程爆破中得到的爆破开挖周边轮廓线如图 6-13 所示。通过数值模拟结果与实际工程施工进行对比，得到数值模拟分析结果形成的周边轮廓与施工现场爆破开挖得到的结果基本一致。

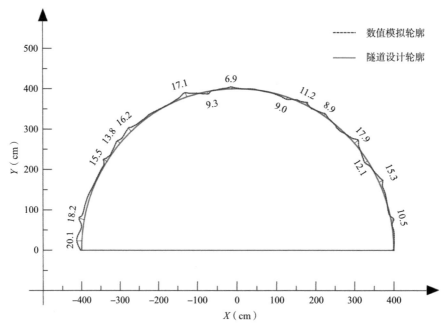

图 6-12　隧道周边孔传统爆破超欠挖模拟结果

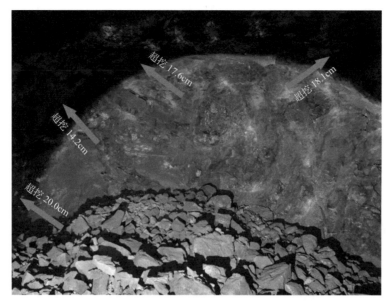

图 6-13　隧道周边孔传统爆破开挖现场结果

传统爆破法施工易造成超欠挖问题,难以控制解决。隧道周边孔传统爆破法施工虽然在周边轮廓线附近形成贯通裂纹,基本满足设计要求,但传统爆破法施工对炮孔壁周围造成较严重的损伤破坏,炮孔周边随机径向裂纹开展多,对保留岩体产生严重的损伤,存在超欠挖现象,最大超挖距离达到 20.0cm,不利于围岩的后期支护和长期安全稳定。

（2）聚能爆破应力波传播及裂纹动态演化

图 6-14 为不同时刻周边孔聚能爆破同时起爆应力波传播规律及裂纹动态演化形成贯通裂纹过程。

在 $t=36\mu s$ 时,各炮孔变化一致,在孔间应力波未发生叠加效应前,各个炮孔应力波传播及裂纹开展与单孔聚能爆破类似,在聚能射流侵彻作用下沿聚能方向各炮孔均形成初始导向裂纹;在 $t=70\mu s$ 时,应力波在孔间相遇并开始互相叠加,各炮孔聚能方向都出现定向裂纹,裂纹在爆炸应力波和爆生气体准静态应力场的叠加作用下得到持续开展;在 $t=150\mu s$ 时,聚能方向裂纹得到充分开展,其他方向也出现微小次裂纹,但聚能方向裂纹开展长度远高于其他方向次裂纹长度;在 $t=216\mu s$ 时,孔间沿聚能方向形成了贯通裂纹。

在实际工程中通过使用聚能爆破技术得到的周边孔聚能爆破现场结果如图 6-15 所示,通过数值模拟结果与实际工程现场应用结果进行对比,周边孔聚能爆破下炮孔留

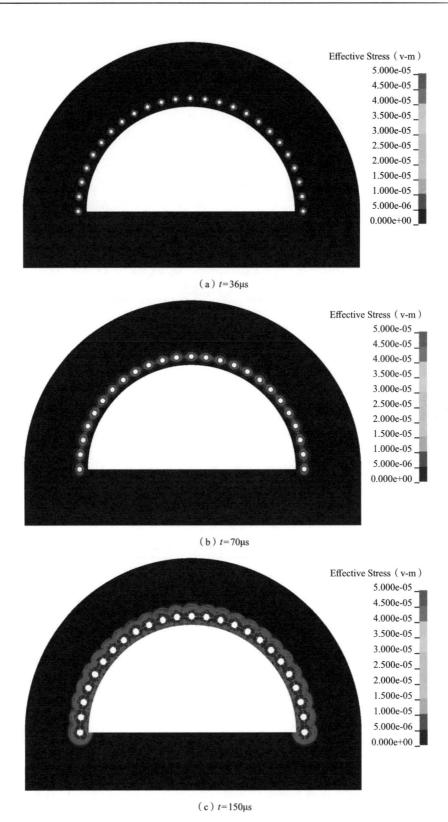

（a）$t=36\mu s$

（b）$t=70\mu s$

（c）$t=150\mu s$

图 6-14 周边孔聚能爆破不同时刻裂纹动态演化（一）

第6章 隧道多孔聚能爆破裂纹演化规律及在周边孔中的应用研究

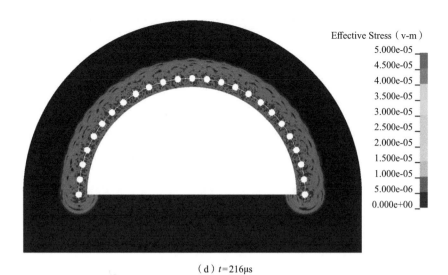

（d）$t=216\mu s$

图 6-14 周边孔聚能爆破不同时刻裂纹动态演化（二）

图 6-15 隧道周边孔聚能爆破施工现场

下了明显的半眼痕，爆生裂纹沿设计轮廓线形成贯通，数值模拟结果与现场实际应用得到的开挖轮廓结果基本一致。周边孔聚能爆破技术可以形成光滑的轮廓面，除了在炮孔连心线上形成贯通裂纹外，在其他方向形成的裂纹少，大大减小了保留岩体一侧的损伤和扰动，有效防止隧道超欠挖，有利于围岩的后期支护与长期稳定性，节省了支护费用，具有较好的社会、经济效益。

（3）传统爆破与聚能爆破损伤对比分析

峰值振动速度（PPV）安全判据是通过分析质点的振动速度判别损伤的一种估算方法。在工程现场可以通过布置测振仪测量后进行分析计算得到。本书通过建立数值模型后布置测点，通过数值计算获取 PPV 值进行分析，测点主要分布在隧道周边开挖轮廓线周围，测点布置如图 6-16 所示，分别选取逆时针方向 30°、60°、90°、120°和 150°，径向间距为 0.2m 的 9 个测点。峰值振速损伤程度安全判别采用 Zhang 等和 Wang 等提出的标准，当峰值振速值为 1.5~2.0m/s 时岩体达到严重损伤状态，当峰值振速值为 1.0~1.5m/s 时岩体达到中度损伤状态，当峰值振速值为 0.5~1.0m/s 时岩体达到轻度损伤状态，当峰值振速值低于 0.5m/s 时岩体为基本无损伤状态。

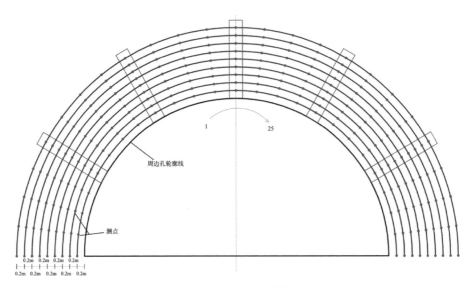

图 6-16　测点布置图

隧道周边围岩的损伤程度是评价隧道稳定性的重要依据，通过在隧道周边布置测点分析峰值振速衰减规律，可以在一定程度上确定围岩的损伤，图 6-17 为传统爆破与聚能爆破下测点峰值振速随距离的变化曲线。

第6章 隧道多孔聚能爆破裂纹演化规律及在周边孔中的应用研究

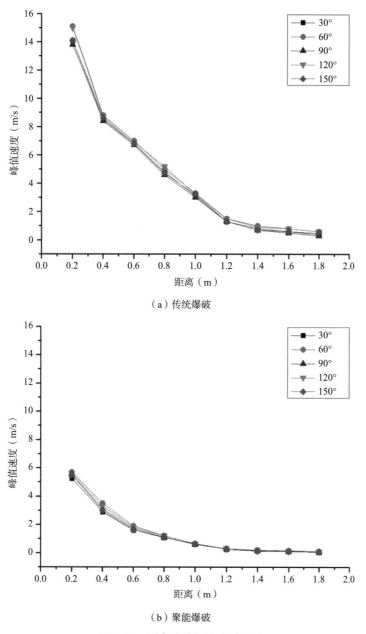

图 6-17 测点峰值振速衰减规律

从图 6-17 中可知，采用传统爆破和聚能爆破测点的峰值振速衰减规律基本相同，在距离隧道周边孔较近的区域峰值振速峰值衰减得快，随着远离周边轮廓线峰值振速的衰减逐渐变得缓慢，从整体变化趋势来看，60°和 120°的峰值振动速度均高于其他方向。由峰值振速损伤评估判据，当峰值振速为 1.0m/s 时说明岩体达到中度损伤，周边孔传统爆破法施工时，在距离周边轮廓线 1.4m 以外时低于中度损伤，在距离周边轮廓线 1.8m 处 5 个方向的峰值振速分别为 0.42m/s、0.61m/s、0.35m/s、0.62m/s、0.49m/s，说明还未全部达到基本无损伤状态；当采用周边孔聚能爆破法施工时，在距离周边轮廓线 1.0m 以外时均低于中度损伤，在距离周边轮廓线 1.8m 处 5 个方向的值分别为 0.09m/s、0.11m/s、0.08m/s、0.11m/s、0.07m/s，即全部处于基本无损伤程度。

6.3.4 聚能爆破方案优化

周边孔聚能爆破设计参数的确定，应满足尽可能增大炮孔间距、减少炮孔数量的同时，减小对保留岩体造成的损伤，降低钻孔工作量，提高施工效率，节约成本，提高围岩稳定，改善支护条件，减少支护费用。根据前文研究结论，聚能爆破在合适的炮孔间距下可以形成定向裂纹孔间贯通，从而形成光滑的轮廓线，因此在炮孔孔径不变的情况下可以优化炮孔间距，尽量减少炮孔数量；径向不耦合系数对炮孔间距的影响也较大，可以通过改变炮孔孔径实现炮孔间距的最大化，从而减少炮孔数量。下面分别从这两个方面建立聚能周边孔爆破数值分析模型进行方案优化。

（1）优化方案一

在原爆破方案的基础上，保持炮孔直径不变，通过适当增大炮孔间距进行优化，建立 42mm 炮孔直径下 70mm 间距数值分析模型，材料参数与上文一致，通过数值模拟得到应力波传播及裂纹扩展贯通结果如图 6-18 所示。

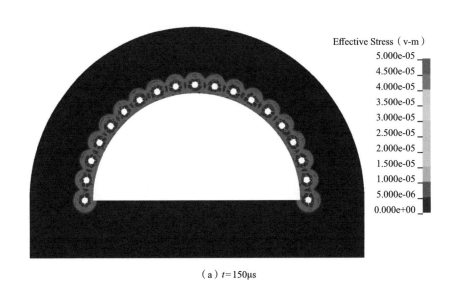

（a）$t=150\mu s$

图 6-18　优化方案一周边孔聚能爆破裂纹开展（一）

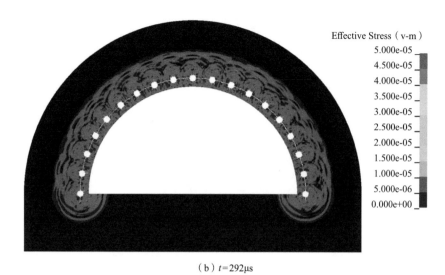

(b) $t=292\mu s$

图 6-18　优化方案一周边孔聚能爆破裂纹开展（二）

图 6-18 为优化方案一周边孔聚能爆破应力波传播及裂纹开展结果，和优化前周边孔聚能爆破应力波传播及裂纹开展一致，各炮孔同时起爆，在聚能射流作用下在聚能方向对孔壁侵彻形成导向裂纹，随后裂纹在爆炸应力波和爆生气体准静态应力场的叠加作用下得到持续开展，聚能爆破有效改善了能量分布，将更多的能量沿聚能方向汇集，在其他方向炮孔附近形成粉碎区消耗了较多的能量，有效抑制了其他方向的裂缝扩展。在 $t=150\mu s$ 时炮孔孔间应力波叠加后在炮孔中心线区域形成应力加强，在聚能方向上裂纹得到充分的开展，在 $t=292\mu s$ 时周边孔裂纹贯通形成光滑的断裂面，与设计轮廓线基本一致，除定向裂纹外，炮孔壁其他方向所形成的随机裂纹数量少，无明显次生裂纹，大大减小了保留岩体一侧的损伤和扰动，防止超欠挖现象，达到理想的效果。与原周边孔聚能爆破方案相比，由于炮孔间距的增大使得周边孔的数量减少 6 个，周边孔总的装药量也相应减少，有效减少了保留岩体围岩损伤，提高了施工效率，节省成本，具有较好的经济效益。

（2）优化方案二

在原爆破方案的基础上，通过改变炮孔直径，增大炮孔间距进行优化，建立 85mm 炮孔直径下 100mm 间距模型，材料参数与上文一致，通过数值模拟得到应力波传播及裂纹扩展贯通结果如图 6-19 所示。

图 6-19 为优化方案二周边孔聚能爆破应力波传播及裂纹开展，在 $t=150\mu s$ 时孔间应力波已开始叠加，在聚能方向上裂纹得到充分的开展，在 $t=402\mu s$ 时周边孔裂纹贯

通形成光滑的断裂面，与设计轮廓线基本一致，防止超欠挖现象，达到理想的效果。与原周边孔聚能爆破方案相比，由于炮孔间距的增大使得周边孔的数量减少12个，大大减少了周边孔装药量，有效降低了保留岩体围岩损伤，提高了施工效率，节省了成本，社会和经济效益显著。

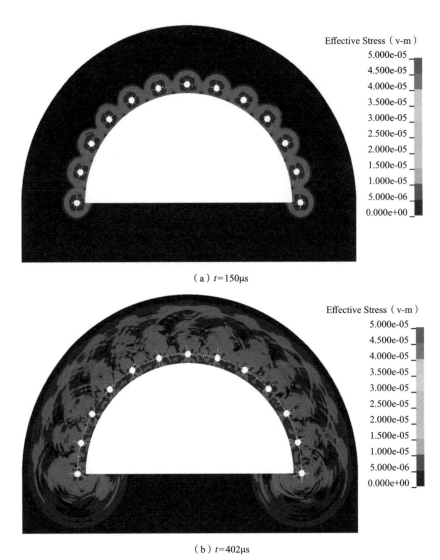

（a）$t=150\mu s$

（b）$t=402\mu s$

图 6-19　优化方案二周边孔聚能爆破裂纹开展

（3）两个优化方案 PPV 结果分析

图 6-20 和图 6-21 分别为优化方案一、优化方案二周边孔聚能爆破测点 PPV 变化图，其中测点布置与图 6-16 测点分布一致。可以看出，由于周边孔装药量的大大减少，优

化方案二的峰值振速与优化方案一相比，相同测点PPV值明显减小，优化方案二聚能爆破峰值振速衰减快，大大减少了保留岩体的损伤。

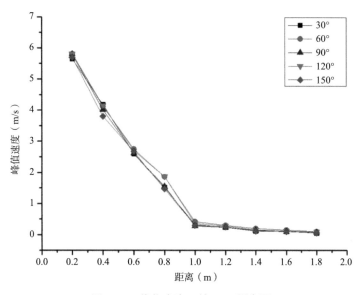

图6-20　优化方案一的PPV测点图

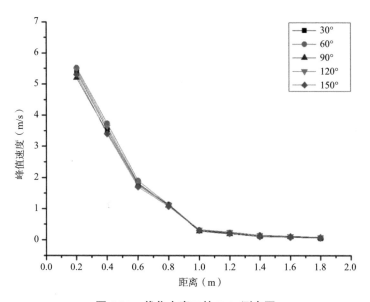

图6-21　优化方案二的PPV测点图

6.4 隧道聚能预裂爆破工程应用案例

6.4.1 工程概况

林家岙隧道位于台州南货运线上，为客货共线电气化铁路隧道，设计速度为120km/h。林家岙隧道起讫里程为LDgk3+721～LDgk8+654，全长4933m，本隧道与既有黄毛山隧道并行，间距为35～300m（图6-22）。其中隧道进口和出口与既有隧道的间距为35m、36.5m。

图6-22 林家岙隧道与既有隧道位置关系

林家岙隧道隧址区地层岩性主要为：第四系全新统残坡积（Q_{4el+dl}）粉质黏土；下伏基岩为侏罗系上统（J_{3c}）凝灰岩；测区区域构造以裂变性为主，褶皱构造不发育，断裂以北北东及北西为主，北北东断裂多为张扭性断裂，潜火山岩及岩脉常沿破碎带侵入；北西断裂多为张性、张扭性断裂，受断裂及岩脉侵入作用影响，测区地质构造较复杂，岩体节理裂隙发育，且多为闭合性质，岩石较破碎。

隧道Ⅴ级、Ⅳ级围岩爆破部位距离正在运营的杭深铁路隧道最小线间距分别为36.5m、42m，Ⅱ、Ⅲ级围岩爆破部位的距离正在运营的杭深铁路隧道最小线间距均为55m，较大爆破振动会对邻近既有杭深铁路隧道安全造成严重影响。

6.4.2 爆破方案

（1）常规爆破施工方案

选取出口段为研究对象，其围岩性质为Ⅴ级。炮孔直径42mm，循环进尺0.8m，设计周边孔和辅助孔长度0.8m，掏槽孔长度1.0m。周边孔孔间距0.5m、光爆层厚度0.6m；辅助孔孔间距0.9m、排间距0.8m；底孔孔间距0.9m、排间距0.7m。掏槽孔位于实际施工1/2断面中上位置，掏槽孔单段药量为3.2kg，上、下台阶最大单段药量分别为6.0kg、6.5kg，总装药量为51.26kg，横截面面积69.72m^2，总炮孔数140个，循环挖方量55.77m^3，炸药单耗0.92kg/m^3。

（2）聚能预裂爆破施工方案

为减小隧道爆破施工对邻近运营隧道的影响，采用了聚能预裂分次爆破设计方案（图6-23）。第1次爆破为聚能预裂成缝爆破，在邻近既有隧道一侧与既有隧道高度平行范围设置6个预裂炮孔；第2次将原有的四孔掏槽更改为三级掏槽（图6-24）；第3次爆破利用第2次形成的较大自由面，进行分段爆破。

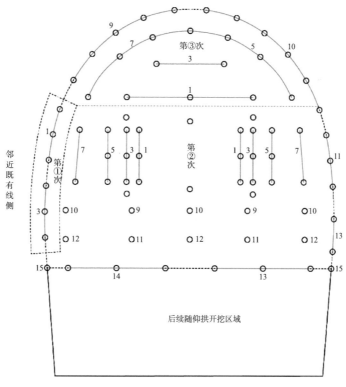

图6-23 聚能预裂爆破炮孔布置

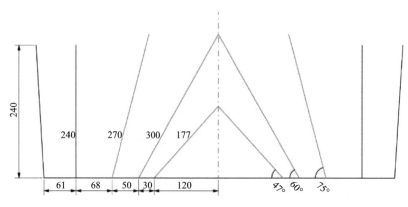

图 6-24 三级掏槽炮孔（单位：cm）

本方案炮孔直径仍采用 42mm 炮孔，循环进尺 2.4m，为原有进尺的 3 倍。各炮孔装药参数如表 6-2 所示，总计药量 65.6kg，略大于常规爆破方案总药量。三级掏槽中（图 6-24），三次掏槽孔与掌子面夹角分别为 47°、60° 和 75°，三次掏槽炮孔间距分别为 30cm 和 50cm，二级和三级掏槽孔略大于循环进尺，其长度分别为 3m 和 2.7m。

聚能预裂爆破参数　　　　　　　表 6-2

序号	段位	炮孔数量	单孔装药量（kg）	总药量（kg）
第一次	1 段	3	0.8	2.4
	3 段	3	0.8	2.4
第二次	1 段	6	0.5	3.0
	3 段	6	1.0	6.0
	5 段	6	0.8（0.4）	4.0
	7 段	4	1.2	4.8
	9 段	2	1.4	2.8
	10 段	3	1.2	3.6
	11 段	5	1.2（0.7）	4.5
	12 段	3	1.2	3.6
	13 段	5	1.2（0.7）	5.0
	14 段	3	1.2	3.6
	15 段	2	1.5	3.0
第三次	1 段	3	1.0	3.0
	3 段	2	1.0	2.0

续表

序号	段位	炮孔数量	单孔装药量（kg）	总药量（kg）
第三次	5 段	7	0.6	4.2
	7 段	6	0.7	4.2
	9 段	5	0.7	3.5

注：第 2 次爆破中，MS5 段括号中的装药量为掏槽孔中间 2 个孔装药量；MS11 段和 MS13 段括号中装药量为右侧周边孔装药量。

现场试验采用 PVC 聚能管，标准长度有 2m、3m 等。聚能预裂爆破所需的其他材料有孔底聚能环、定位圈、水沙袋、注药枪和空压机。工艺流程如下：

1）组装聚能管。首先利用注药枪将乳化炸药灌注进聚能管内，炸药填满后，将导爆索埋置在管中并预留 10 cm 左右长度，随后将整根聚能管封闭，然后将孔底聚能环固定在已预留导爆索一端的聚能管上，最后将孔内对中环固定在聚能管上。

2）填装聚能管。当聚能管装药完成后，用炮棍将聚能管送至炮孔底部，并注意此时聚能穴方向需与开挖轮廓线一致，随后填装水袋，最后用炮泥填塞炮孔。

6.4.3 数值模型分析

（1）材料参数选取

1）炸药参数。炸药本构模型选用 LS-DYNA 第 8 号本构模型 *MAT_HIGH_EXPLOSIVE_BURN，结合 JWL 状态方程。计算采用 2 号岩石炸药，材料参数：密度 ρ=1200kg/m³、爆速 D=4000m/s、PCJ 压力 =7.4GPa。

2）岩石参数。岩石本构模型选用 *MAT_PLASTIC_KINEMATIC，材料参数：密度 ρ=2300kg/m³、泊松比 μ=0.28、杨氏模量 E=26.2GPa、切线模量 E_{tan}=1.2GPa、屈服强度 =16.8MPa、应变率常数 C=2.5、P=4.0。

3）混凝土参数。混凝土本构模型选用高应变率、大变形的 JHC 模型，材料参数：密度 ρ=2400kg/m³、泊松比 μ=0.2、弹性模量 E=35.7GPa、剪切模量 G=14.86GPa、标准粘结强度 A=0.79 MPa、标准硬化压力 B=1.6 MPa、应变速率系数 C=0.007、压力硬化指数 N=0.61、准静态单轴抗压强度 f_c=48MPa、最大静水拉伸压力 T=4MPa、断裂前塑性应变量 $E_{f,min}$=0.01、标准最大强度 $S_{f,max}$=7.0、压溃压力 p_{crush}=0.016GPa、破碎体积应变 μ_{crush}=0.001、锁固压力 p_{lock}=0.8 GPa、锁固体积应变 μ_{lock}=0.1、损伤常数 D_1=0.004、D_2=1.0、压力常数 K_1=85GPa、K_2=−171GPa、K_3=208GPa、应变率 ε_0=1×10⁻⁶。

(2) 模型建立

由于聚能预裂爆破方案中第 1 次爆破采用的是聚能水压预裂爆破，直接模拟较复杂、计算量也较大，因此采用预裂缝模拟该处形成的减振效应。根据现场试验结果选用的预裂缝宽度为 5cm（图 6-25）。新建隧道距既有隧道净距为 36.5m，模型长度为 48m，左右高度分别为 24m 和 19m，除模型处上方设置自由边界外，其他边界设置为无反射边界。为对比分析预裂缝对既有隧道的影响，建立了无预裂缝模型，几何尺寸等参数与预裂模型相同。

由于在数值模拟中模拟所有炮孔起爆会造成单元过多而无法计算，故将各段药量根据体积关系等效换算为等效药柱（表 6-3），其中为减小计算量，各段炸药延时参数较实际延时参数缩小了 10 倍。

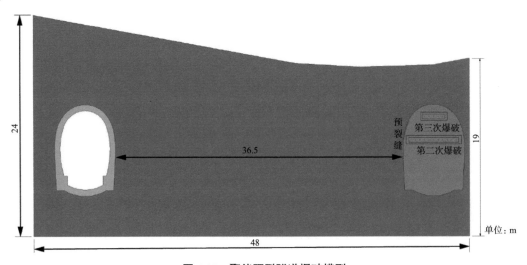

图 6-25 聚能预裂隧道爆破模型

药柱等效换算   表 6-3

段别	1 段	3 段	5 段	7 段	9 段	10 段	11 段	12 段	13 段	14 段	15 段
等效半径（cm）	1.54	2.83	2.19	2.26	1.73	1.96	2.19	1.96	2.31	1.96	1.79
延时（ms）	0	5	10	15	20	22.5	25	27.5	30	32.5	35
段别	1 段	3 段	5 段	7 段	9 段						
等效半径（cm）	1.79	1.46	2.12	2.12	1.93						
延时（ms）	37.5	40	42.5	45	47.5						

（3）既有隧道力学响应分析

为分析右线新建隧道对既有隧道的影响，重点了解爆破作用下既有隧道衬砌应力和振速变化规律，在右侧拱腰、拱顶、左侧拱腰和仰拱上分别选取 A、B、C、D 4 个测点。

1）无裂缝模型力学响应分析。无裂缝模型既有隧道衬砌测点 A 应力时程如图 6-26 所示。由于炸药在两个不同位置延时起爆，应力波分两次到达各测点。A 测点应力值最先达到最大值 −0.45MPa，但随着应力波的传播，应力幅值不断衰减。B、C、D 测点应力变化规律与 A 测点类似，应力最大值分别为 1.49MPa、0.36MPa、1.16MPa。

无裂缝模型既有隧道衬砌测点 A 振速时程如图 6-27 所示。第一阶段振速均小于第二阶段振速，最大振速值为 2.53cm/s。B、C、D 测点振速变化规律与 A 测点类似，振速最大值分别为 2.59cm/s、0.91cm/s、1.25cm/s。

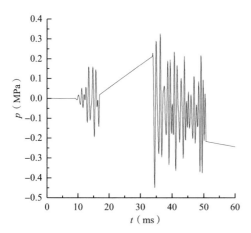 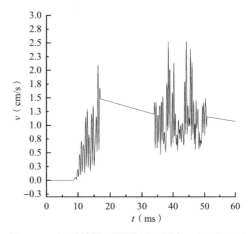

图 6-26 无裂缝模型隧道衬砌测点 A 应力时程　　图 6-27 无裂缝模型隧道衬砌测点 A 振速时程

2）聚能预裂模型力学响应分析。应力在预裂缝处发生了绕射，在裂缝附近形成了较大的拉应力分布区域，且掌子面内侧应力值较外侧偏大。

聚能预裂模型既有隧道衬砌测点 A 应力时程如图 6-28 所示，与无预裂缝模型相比，第一阶段应力波幅值较小，A 测点最大压应力 0.17MPa，最大拉应力 0.2MPa。B、C、D 测点应力变化规律与 A 测点类似，应力最大值分别为 0.69MPa、0.16MPa、0.53MPa。

聚能预裂模型既有隧道衬砌测点 A 振速时程如图 6-29 所示，与无预裂缝模型相比，第一阶段振速远小于第二阶段振速，A 测点最大振速值为 1.32cm/s。除 C 测点第一阶段振速几乎减弱为零，B、C、D 测点振速变化规律与 A 测点类似，振速最大值分别为

1.10cm/s、0.5cm/s、0.56cm/s。

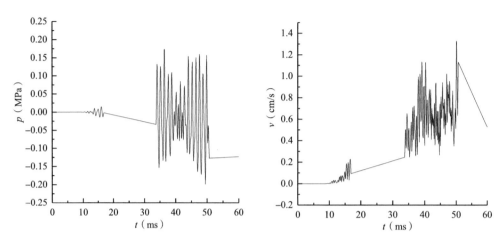

图 6-28　聚能预裂模型隧道衬砌测点 A 应力时程　　图 6-29　聚能预裂模型隧道衬砌测点 A 振速时程

3）对比分析。聚能预裂模型各测点较无裂缝模型应力值较小（图 6-30），各测点应力值下降幅度分别为 61.36%、53.79%、57.27%、54.11%；聚能预裂模型各测点振速值较无裂缝模型也较小（图 6-31），说明测点振速得到了较好的控制，各测点振速值下降幅度分别为 47.77%、57.45%、45.08%、55.27%。通过聚能预裂方式，在将开挖进尺提高 3 倍时，振速值较常规爆破方案得到了有效控制。

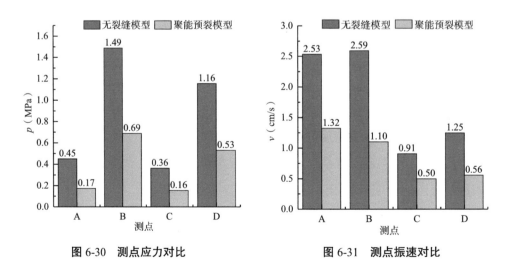

图 6-30　测点应力对比　　　　　　　　图 6-31　测点振速对比

6.4.4　爆破振动监测

参考《铁路工程爆破振动安全技术规程》TB 10313—2019，双线隧道低频爆破振动允许值为 7~8cm/s。因邻近既有杭深铁路黄毛山隧道、金寺堂特大桥安全的重要性，且铁路已运营数年，从结构安全考虑，要求距离既有杭深铁路小于 50m 的爆破地段，必须在杭深铁路天窗点内时段起爆，严格将既有铁路隧道受到的爆破振动控制在 3cm/s 以内；爆破净距超过 50m 的爆破（LDgk6+187.5~LDgk8+565），可在天窗时间段试爆，结合爆破振动监测结果并确实能将爆破振动控制在 1cm/s 以内，建议在天窗点外时段线路无列车通行时起爆，爆破不受铁路天窗时间限制。

（1）测点布置

为了真实反映爆破对既有隧道的影响程度，每次爆破监测邻近既有隧道迎爆侧振速。测点安装在迎爆侧拱腰上，距地高度约 1m，在拱腰上钻孔植入膨胀螺栓，然后再用压板将传感器地板与膨胀螺栓紧固相连，把传感器固定在拱腰上。

（2）数据分析

1）常规爆破的振速。根据林家畲隧道 0.8m 进尺开挖上台阶某次爆破振速监测显示，X 方向（隧道轴向）和 Z 方向（竖直方向）振速较小，峰值分别为 0.6cm/s 和 0.7cm/s，Y 方向（垂直轴向）振速最大，130ms 时刻，达到最大值 1.8cm/s（图 6-32）。

2）聚能预裂爆破的振速。第 1 次聚能预裂爆破成缝过程中，X（隧道轴向）、Y（垂直轴向）和 Z 方向（竖直方向）振速峰值分别为 0.58cm/s、1.23cm/s（图 6-33）和 0.73cm/s，满足振速控制要求；第 2 次爆破 X、Y 和 Z 方向振速峰值分别为 1.38cm/s、1.53cm/s（图 6-34）和 1.23cm/s，在提高了挖进尺的同时，振速并未超过常规爆破，也满足振速控制要求；第 3 次爆破 X、Y 和 Z 方向振速峰值分别为 0.99cm/s、1.22cm/s（图 6-35）和 0.92cm/s，该值满足控制要求。聚能预裂理论模型迎爆侧拱腰处振速值为

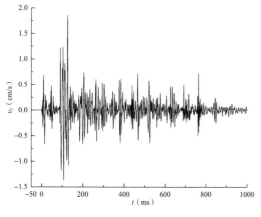

图 6-32 常规上台阶爆破振速

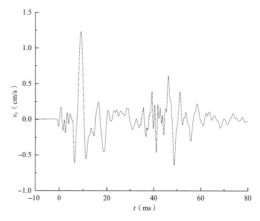

图 6-33 聚能预裂爆破第 1 次爆破振速

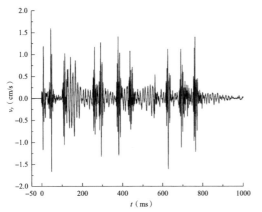

图 6-34 聚能预裂爆破第 2 次爆破振速

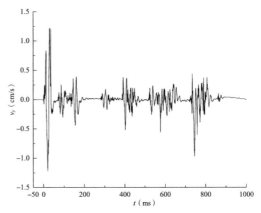

图 6-35 聚能预裂爆破第 3 次爆破振速

1.32cm/s，实测值较理论值偏差最大 13%，对实际工程具有较好的指导意义。

6.5 本章小结

本章通过分析隧道周边多孔聚能爆破裂纹贯通形成机理，建立多孔传统爆破和聚能爆破数值分析模型，开展了多孔爆破应力波传播及裂纹动态演化规律，在此基础上结合隧道周边孔传统爆破与周边孔聚能爆破现场应用，采用数值模拟方法与现场应用进行对比分析，开展了周边孔传统爆破与周边孔聚能爆破围岩损伤研究，提出了周边孔聚能爆破优化方案，主要结论如下：

（1）多孔聚能爆破孔间裂纹贯通主要包括初始裂纹的形成和裂纹的扩展两个方面，初始裂纹形成后在爆炸应力波和爆生气体准静态应力场的共同叠加下裂纹扩展直至贯通，初始裂纹形成后较小的荷载可实现对初始裂纹的起裂及扩展，实际应用中可减少炮孔中的装药量，扩大炮孔间距。

（2）基于工程实际，结合数值模拟对周边孔传统爆破和聚能爆破应力波传播、裂纹动态演化过程及峰值振动速度分析可得，周边孔传统爆破孔壁产生的径向随机裂纹多，超欠挖严重，周边孔聚能爆破技术不仅形成光滑的轮廓断面，孔壁附近次生裂纹少，大大减少了对保留岩体的损伤和扰动。

（3）通过保持炮孔孔径不变、增大炮孔间距和改变炮孔孔径、增大炮孔间距两种方案对周边孔聚能爆破进行优化，保证周边孔孔间裂纹贯通形成光滑的轮廓断面的同时，有效减少了周边炮孔数量，大大减少了对保留岩体的损伤。

（4）聚能预裂爆破方案相比常规爆破方案，通过三次爆破实现了全断面开挖，可有效提高开挖进尺和降低振速，大大提高施工效率，减少环境影响，为邻近既有隧道工程爆破提供了借鉴和参考。

CHAPTER 7
第7章

结论

隧道聚能爆破具有减少围岩扰动、防止超欠挖、缩短工期、提高炸药利用率和改善作业环境等优点，属环保节能爆破技术，应用前景广阔。研究聚能爆破破岩机理，解决理论研究严重滞后于工程实践，对指导工程应用具有重要的现实意义。本书针对隧道工程聚能爆破存在的问题，通过理论分析、模型试验、数值模拟以及现场应用等手段，揭示隧道聚能爆破围岩裂纹演化机理及在隧道周边孔爆破中的应用。主要研究结论如下：

（1）聚能爆破作用下岩体受到聚能射流侵彻、冲击波粉碎、应力波拉伸和爆生气体准静态压力的综合作用，沿爆破孔径向由近及远在岩体内依次形成粉碎区、裂隙区、震动区。聚能爆破可以改变爆破能量分布，有利于将爆破能量沿聚能方向汇聚形成初始导向裂纹，随后在应力波和爆生气体共同作用下促使裂纹持续开展。

（2）椭圆形聚能药包结构参数对射流头部速度的影响程度基本相同，对射流长度的影响程度有一定的差异，聚能药包结构参数的选取对聚能射流的性能影响至关重要。椭圆形聚能装药爆破下，在聚能方向对岩石的侵彻破坏能力远大于非聚能方向，聚能方向孔壁压力最大值约为非聚能方向的2.3倍，聚能爆破爆生主裂纹开展长度与炮孔直径有一定的关系，当炮孔直径为85mm，即径向不耦合系数为3.45时主裂纹最长。

（3）聚能水压爆破可以实现岩石的定向断裂，提高爆炸能量利用率，与聚能空气耦合装药爆破相比，聚能水压爆破增大了爆破粉碎区，增强了对爆源近区岩石的作用，降低了对爆源远区应力波的扰动。不同装药结构对聚能水压爆破的效果影响较大，聚能装置两端水间隔装药结构孔壁压力具有一定的优势，形成的裂纹总体较好，而炮孔底部水介质的存在不利于炮孔底部岩石的破碎，底部应适当增加炸药量。通过对不同轴向水不耦合装药的岩石裂纹开展过程及孔壁峰值压力分布情况的对比分析，得到最佳轴向不耦合系数为1.36。

（4）双孔聚能爆破孔间裂纹贯通以拉伸断裂模式为主，裂纹的持续扩展动力来源于爆生气体的准静态压力作用。由于孔间应力波的叠加作用，可适当增大炮孔间距，炮孔间距较小时，有利于爆生裂纹的扩展贯通。随着炮孔间距逐渐变大，炮孔连线中心单元的应力峰值逐渐减小，应力波的叠加作用也随之减弱，炮孔间距在100 cm内可形成定向裂纹的贯通。双孔聚能微差爆破，随着微差时间的增加，先爆破孔裂纹开展在孔间贯通裂纹中所占的比例逐渐增大，裂纹贯通位置向后爆破孔逐渐接近。

（5）多孔聚能爆破孔间裂纹贯通是初始裂纹形成后爆炸应力波和爆生气体准静态应力场共同叠加作用的结果，初始裂纹形成后较小的荷载可实现对初始裂纹的起裂及扩展，实际应用中可减少炮孔中的装药量，扩大炮孔间距。多孔传统爆破虽然可以形成贯通裂纹，但在孔壁周围径向裂纹多，围岩损伤严重，易造成超欠挖现象，多孔聚能爆破从根本上解决了上述问题。

（6）基于工程实际，结合数值模拟对隧道周边孔聚能爆破应力波传播规律、裂纹动态演化过程及围岩损伤衰减规律分析，周边孔聚能爆破技术不仅形成光滑的轮廓断面，孔壁附近次生裂纹少，大大减小了对保留岩体的损伤和扰动，通过周边孔聚能爆破方案优化，不仅达到爆破效果，使得炮孔数量大大减少，加大炮孔间距，提高施工效率，节省成本，社会和经济效益显著。

参考文献

[1] 《中国公路学报》编辑部．中国隧道工程学术研究综述·2015[J]．中国公路学报，2015，28（5）：1-65．

[2] 于建新，刘希亮，郭佳奇，等．大跨隧道爆破振动响应特性研究[J]．现代隧道技术，2018，55（S2）：772-780．

[3] 巩江峰，王伟，王芳，等．截至2023年底中国铁路隧道情况统计及2023年新开通重点项目隧道情况介绍[J]．隧道建设（中英文），2024，44（2）：377-392．

[4] 《中国公路学报》编辑部．中国交通隧道工程学术研究综述·2022[J]．中国公路学报，2022，35（4）：1-40．

[5] Zhao Y，Li P. A statistical analysis of China's traffic tunnel development data[J]. Engineering，2018，4（1）：3-5．

[6] 赵勇，田四明，孙毅．中国高速铁路隧道的发展及规划[J]．隧道建设，2017，37（1）：11-17．

[7] 马伟斌．铁路山岭隧道钻爆法关键技术发展及展望[J]．铁道学报，2022，44（3）：64-85．

[8] 徐世祥，王汪洋，韦汉，等．隧道聚能水压控制爆破技术研究现状与展望[J]．科技创新与应用，2019（26）：1-4，8．

[9] 王建秀，邹宝平，胡力绳．隧道及地下工程光面爆破技术研究现状与展望[J]．地下空间与工程学报，2013，9（4）：800-807．

[10] 高文蛟，单仁亮，程瑞强，等．定向聚能成缝机理研究[J]．矿冶工程，2004（6）：1-3．

[11] 杨仁树，杨国梁，高祥涛．定向断裂控制爆破理论与实践[M]．北京：科学出版社，2017．

[12] 何广沂．隧道掘进水压爆破技术发展[J]．工程爆破，2021，27（5）：53-58．

[13] 王汉军，黄风雷，张庆明．岩石定向断裂爆破的力学分析及参数研究[J]．煤炭学报，2003（4）：399-402．

[14] 董超．柔性切缝药包定向断裂控制爆破机理及应用[D]．徐州：中国矿业大学，

2020.

[15] Barker L M. A simplified method for measuring plane strain fracture toughness[J]. Engineering Fracture Mechanics, 1977, 9（2）: 361-369.

[16] 申涛. 切缝药包岩石定向断裂控制爆破机理研究 [D]. 北京: 中国矿业大学, 2019.

[17] 郭德勇, 裴海波, 宋建成, 等. 煤层深孔聚能爆破致裂增透机理研究 [J]. 煤炭学报, 2008, 33（12）: 1381-1385.

[18] 何满潮, 曹伍富, 单仁亮, 等. 双向聚能拉伸爆破新技术 [J]. 岩石力学与工程学报, 2003（12）: 2047-2051.

[19] 赵杰超. 煤层深孔聚能爆破致裂增透机制研究 [D]. 北京: 中国矿业大学, 2019.

[20] 王树魁. 贝静芬等译. 成型装药原理及其应用 [M]. 北京: 兵器工业出版社, 1992.

[21] 姜琳琳. 切缝药包定向断裂爆破机理与应用研究 [D]. 北京: 中国矿业大学, 2010.

[22] Seely L B, Clark J C. High speed radiographic studies of controlled fragmentation[R]. BRL Report, 1943.

[23] 韦汉. 隧道工程聚能爆破破岩机理及参数优化研究 [D]. 南宁: 广西大学, 2021.

[24] Birkhoff G, MacDougall D P, Pugh E M, et al. Explosives with lined cavities[J]. Journal of Applied Physics, 1948, 19（6）: 563-582.

[25] Pugh E M, Eichelberger R J, Rostoker N. Theory of jet formation by charges with lined conical cavities[J]. Journal of Applied Physics, 1952, 23（5）: 532-536.

[26] Eichelberger R J, Pugh E M. Experimental verification of the theory of jet formation by charges with lined conical cavities[J]. Journal of Applied Physics, 1952, 23（5）: 537-542.

[27] Chou P, Carleone J, Karpp R R. Criteria for jet formation from impinging shells and plates[J]. Journal of Applied Physics, 1976, 47（7）: 2975-2981.

[28] Chou P, Carleone J. The stability of shaped charge jets[J]. Journal of Applied Physics, 1977, 48（10）: 4187-4195.

[29] Bjarnholt G, Holmberg R, Ouchterlong F. A linear shaped charge system for contour blasting[C]//Proceeding of 9th Conference on Explosives and Blasting Technique, Dallas. Society of Explosives Engineers, 1983.

[30] Held M. Shaped charge optimisation against bulging targets[J]. Propellants, Explosives, Pyrotechnics, 2005, 30（5）: 363-368.

[31] 季荣生. 聚能爆破在石材切割应用中的试验研究 [J]. 现代地质，1998（1）：3-5.

[32] 谢源，刘庆林，常晋元，等. 聚能药包进行岩石二次破碎的试验研究 [J]. 有色金属（矿山部分），2001（2）：21-23.

[33] 叶文通，陈勇，郁炜. 聚能金属射流开采石矿的形成过程数值研究 [J]. 微计算机信息，2009，25（16）：201-203.

[34] 许贵华. 聚能装药技术在地铁盾构孤石爆破处理中的应用研究 [D]. 厦门：厦门大学，2018.

[35] 商登莹. 煤层增透与顶板弱化聚能爆破技术研究 [D]. 北京：中国矿业大学，2014.

[36] 徐振洋. 爆炸聚能作用下岩石劈裂机理及试验研究 [D]. 北京：北京理工大学，2014.

[37] 陈伟. 环向聚能装药的数值模拟与应用研究 [D]. 合肥：中国科学技术大学，2015.

[38] 郭德勇，吕鹏飞，裴海波，等. 煤层深孔聚能爆破裂隙扩展数值模拟 [J]. 煤炭学报，2012，37（2）：274-278.

[39] 郭德勇，宋文健，李中州，等. 煤层深孔聚能爆破致裂增透工艺研究 [J]. 煤炭学报，2009，34（8）：1086-1089.

[40] 郭德勇，张超，朱同功，等. 装药结构对煤层深孔聚能爆破增透的影响 [J]. 工程科学学报，2018，40（12）：1488-1494.

[41] 李必红. 椭圆双极线型聚能药柱爆炸理论及预裂爆破技术研究 [D]. 长沙：中南大学，2013.

[42] Li BH, Chen Z, Qin J, et al. Numerical simulation and stress testing research on elliptical bipolar linear shaped charge[J]. The Journal of Information and Computational Science，2013，10（11）：3437-3444.

[43] 李必红，崔伟峰，李是良，等. 椭圆双极线性聚能药柱不耦合系数试验研究及数值模拟 [J]. 爆破，2013，30（2）：54-58.

[44] 吴波，韦汉，徐世祥，等. 不同装药结构的双向聚能药包爆破数值研究 [J]. 工程爆破，2021，27（1）：14-21.

[45] 何广沂. 隧道聚能水压光面爆破新技术 [M]. 北京：中国铁道出版社，2018.

[46] 王军. 聚能水压光面爆破技术在崤山隧道施工中的应用研究 [J]. 铁道建筑技术，2017（5）：81-84.

[47] 刘海波, 白宗河, 刘学攀, 等. 隧道掘进聚能水压光面爆破新技术与应用 [J]. 工程爆破, 2017, 23（1）: 81-84.

[48] 王汪洋. 隧道聚能水压控制爆破岩机理与参数优化研究 [D]. 南宁: 广西大学, 2019.

[49] 吴波, 李华隆, 蒙国往, 等. 椭圆双极线性聚能水压爆破数值分析及应用 [J]. 铁道工程学报, 2022, 39（3）: 87-93.

[50] 蒙国往, 张景龙, 吴波, 等. 基于SPH算法的聚能装药结构参数敏感度分析 [J]. 现代隧道技术, 2020, 57（S1）: 612-619.

[51] 宋鹏伟, 杨新安, 李淮, 等. 基于聚能水压光爆技术的周边眼装药结构优化研究 [J]. 隧道建设（中英文）, 2022, 42（1）: 103-112.

[52] 刘海波. 聚能水压光面爆破新技术在成兰铁路隧道施工中的应用 [J]. 现代隧道技术, 2019, 56（2）: 182-187.

[53] 周亦玲, 刘鹏舟, 李养成. 聚能水压光面爆破技术在关山隧道施工中的应用研究 [J]. 施工技术, 2018, 47（16）: 44-48.

[54] Proter, Hengch J. The dynamics of explosion and its use[J]. Elsevier Scientific Publishing Company, 1979, 223-231.

[55] Hagan T N. Rock breakage by explosive[J]. Acta Astronautica, 1979, 6（3-4）: 329-340.

[56] Nilson R H, Proffer W J, Duff R E. Modelling of gas-driven fracture induced by propellant combustion with a borehole[J]. International Journal of Rock Mechanics and Mining Science, 1985, 22（1）: 3-19.

[57] Paine A S, Please C P. An improved model of fracture propagation by gas during rock blasting-some analytical results[J]. International Journal of Rock Mechanics and Mining Sciences, 1994, 31（6）: 699-706.

[58] 高金石, 杨军, 张继春. 准静态压力作用下岩体爆破成缝方向与机理的研究 [J]. 爆炸与冲击, 1990（1）: 76-84.

[59] 赵新涛, 刘东燕, 程贵海, 等. 爆生气体作用机理及岩体裂纹扩展分析 [J]. 重庆大学学报, 2011, 34（6）: 75-80.

[60] 何满潮, 高玉兵, 杨军, 等. 无煤柱自成巷聚能切缝技术及其对围岩应力演化的影响研究 [J]. 岩石力学与工程学报, 2017, 36（6）: 1314-1325.

[61] 张志呈.岩石爆破裂纹的起裂，扩展，分岔与止裂[J].爆破，1999（4）：21-24.

[62] 张志呈.试谈浅孔断裂控制爆破裂纹扩展的长度[J].西南科技大学学报，1999（3）：20-28.

[63] 肖正学，张志呈，郭学彬.断裂控制爆破裂纹发展规律的研究[J].岩石力学与工程学报，2002，21（4）：546-549.

[64] 梁洪达，郭鹏飞，孙鼎杰，等.不同聚能爆破模式应力波传播及裂纹扩展规律研究[J].振动与冲击，2020，39（4）：157-164，184.

[65] 高魁，刘泽功，刘健，等.爆破扰动松软煤层对巷道围岩稳定性的影响[J].振动与冲击，2018，37（15）：136-142.

[66] 高魁，刘泽功，刘健，等.定向聚能爆破弱化综掘工作面逆断层应用研究[J].岩石力学与工程学报，2019，38（7）：1408-1419.

[67] 左建平，孙运江，刘文岗，等.浅埋大采高工作面顶板初次断裂爆破机理与力学分析[J].煤炭学报，2016，41（9）：2165-2172.

[68] 李夕兵，贺显群，陈红江.渗透水压作用下类岩石材料张开型裂纹启裂特性研究[J].岩石力学与工程学报，2012，31（7）：1317-1324.

[69] Li L C, Tang C A, Li G, et al. Numerical simulation of 3D hydraulic fracturing based on an improved flow-stress-damage model and a parallel FEM technique[J]. Rock Mechanics and Rock Engineering, 2012, 45（5）: 801-818.

[70] 陈景杰，范新帅，黄一.共线双裂纹应力强度因子计算方法[J].华中科技大学学报（自然科学版），2017，45（4）：61-67.

[71] Bonamy D, Ravi-Chandar K. Interaction of shear waves and propagating cracks[J]. Physical Review Letters, 2003, 91（23）: 1-4.

[72] Galybin A N, Dyskin A V. Random trajectories of crack growth caused by spatial stress fluctuations[J]. International Journal of Fracture, 2004, 128（1-4）: 95-103.

[73] 费鸿禄，洪陈超.应力波和爆生气体共同作用下裂隙区范围研究[J].爆破，2017，34（1）：33-36，107.

[74] 邱航.光面爆破参数对爆生裂纹及其块度的影响研究[D].成都：西南交通大学，2019.

[75] Dally J W. An introduction to dynamic photoelasticity[J]. Experimental Mechanics, 1980, 20（12）: 409-416.

[76] Rossmanith H P, Fourney W L. Fracture initiation and stress wave diffraction at cracked interfaces in layered media I. brittle/brittle transition[J]. Rock Mechanics, 1982, 14: 209-233.

[77] Wilson W H. An experimental and theoretical analysis of stress wave and gas pressure effects in bench blasting[D]. Maryland: University of Maryland, 1987.

[78] 万琳辉, 曹平, 黄永恒, 等. 水对岩石亚临界裂纹扩展及门槛值的影响研究 [J]. 岩土力学, 2010, 31（9）: 2737-2742.

[79] Kawagishi Y, Shozu M, Hirose Y. Experimental evaluation of stress field around crack tip by caustic method[J]. Mechanics of Materials, 2001, 33（12）: 741-757.

[80] 杨立云, 杨仁树, 许鹏, 等. 初始压应力场对爆生裂纹行为演化效应的实验研究 [J]. 煤炭学报, 2013, 38（3）: 404-410.

[81] Yang L, Yang R, Qu G, et al. Caustic study on blast-induced wing crack behaviors in dynamic-static superimposed stress field[J]. International Journal of Mining Science and Technology, 2014, 24（4）: 417-423.

[82] 王家来, 徐颖. 应变波对岩体的损伤作用和爆生裂纹传播 [J]. 爆炸与冲击, 1995（3）: 212-216.

[83] Adachi J, Siebrits E, Peirce A, et al. Computer simulation of hydraulic fractures[J]. International Journal of Rock Mechanics and Mining Sciences, 2007, 44（5）: 739-757.

[84] Duvall Johansson C H. The basic mechanisms in rock blasting[C]//In: Pro 2th Congrlnt Soc Rock Mech, Beograd, 1970, 19-33.

[85] 李玉民, 倪芝芳. 光面预裂爆破成缝机理的探讨 [J]. 有色金属（矿山部分）, 1990（6）: 34-36.

[86] 凌伟明, 杨永琦. 爆生气体在光面爆破中的作用 [J]. 煤炭学报, 1990（1）: 73-82.

[87] 吴德义. 半无限岩体爆生裂纹传播力学模型 [J]. 煤矿爆破, 1997（2）: 14-16.

[88] 卢文波, 陶振宇. 爆生气体驱动的裂纹扩展速度研究 [J]. 爆炸与冲击, 1994（3）: 264-268.

[89] 王家来, 程玉生. 爆生气体作用过程的模拟实验研究 [J]. 爆破, 1998（2）: 5-9.

[90] Brinkman J R. Separating shock wave and gas expansion breakage mechanisms[C]//2nd international symposium on rock fragmentation by blasting. 1987: 6-15.

[91] 宗琦. 爆生气体的准静态破岩特性 [J]. 岩土力学, 1997（2）: 73-78.

[92] 孙晓明, 刘鑫, 梁广峰, 等. 薄煤层切顶卸压沿空留巷关键参数研究 [J]. 岩石力学与工程学报, 2014, 33 (7): 1449-1456.

[93] Castedo R, Natale M, López L M, et al. Estimation of Jones-Wilkins-Lee parameters of emulsion explosives using cylinder tests and their numerical validation[J]. International Journal of Rock Mechanics and Mining Sciences, 2018, 112: 290-301.

[94] 何满潮, 郭鹏飞, 张晓虎, 等. 基于双向聚能拉张爆破理论的巷道顶板定向预裂 [J]. 爆炸与冲击, 2018, 38 (4): 795-803.

[95] 何满潮, 马资敏, 郭志飚, 等. 深部中厚煤层切顶留巷关键技术参数研究 [J]. 中国矿业大学学报, 2018, 47 (3): 468-477.

[96] 戴俊, 王代华, 熊光红, 等. 切缝药包定向断裂爆破切缝管切缝宽度的确定 [J]. 有色金属, 2004 (4): 110-113.

[97] 李清, 王平虎, 杨仁树, 等. 切槽孔爆破动态力学特征的动焦散线实验 [J]. 爆炸与冲击, 2009, 29 (4): 413-418.

[98] 李志宏. 爆生气体作用下岩石裂纹扩展机理与数值模拟 [D]. 西安: 西安理工大学, 2006.

[99] Ma G W, An X M. Numerical simulation of blasting-induced rock fractures[J]. International Journal of Rock Mechanics and Mining Sciences, 2008, 45 (6): 966-975.

[100] 刘燕燕. 爆炸聚能作用下岩石劈裂数值模拟研究 [D]. 北京: 北京理工大学, 2015.

[101] 林英松, 孙丰成, 丁雁生, 等. 损伤对爆生气体作用下孔壁岩石开裂规律的影响 [J]. 石油钻探技术, 2007 (4): 25-27.

[102] 杨建辉, 胡东荣, 朱晨鸿, 等. 周边眼聚能爆破参数数值模拟研究 [J]. 煤炭科学技术, 2019, 47 (1): 187-192.

[103] Wu B, Wei H, Xu S, et al. Analysis of the cracking mechanism of an elliptical bipolar linear-shaped charge blasting[J]. Advances in Civil Engineering, 2021.

[104] 吴波, 李华隆, 徐世祥, 等. 椭圆双极线性聚能爆破成缝机理及结构优化研究 [J]. 铁道科学与工程学报, 2021, 18 (5): 1213-1221.

[105] 吴波, 韦汉, 徐世祥, 等. 聚能光面爆破光爆层参数优化研究 [J]. 有色金属工程,

2020，10（12）：113-121.

[106] 李宁，陈莉静，张平. 爆生气体驱动岩石裂缝动态扩展分析 [J]. 岩土工程学报，2006（4）：460-463.

[107] 黄涛，陈鹏万，张国新，等. 岩石双孔爆破过程的流形元法模拟 [J]. 爆炸与冲击，2006（5）：434-440.

[108] 时启鹏，郑洪运，王永宝，等. 沿空留巷双向聚能爆破炮孔间距参数研究 [J]. 煤矿安全，2022，53（1）：219-225.

[109] 高玉兵，杨军，王琦，等. 无煤柱自成巷预裂切顶机理及其对矿压显现的影响 [J]. 煤炭学报，2019，44（11）：3349-3359.

[110] 陈上元，赵菲，王洪建，等. 深部切顶沿空成巷关键参数研究及工程应用 [J]. 岩土力学，2019，40（1）：332-342，350.

[111] 罗勇，沈兆武，崔晓荣. 线性聚能切割器的应用研究 [J]. 含能材料，2006（3）：236-240，160.

[112] Luo Y. Study on application of shaped charge in controlled rock mass blasting technology[J]. Journal of Disaster Prevention and Mitigation Engineering，2001，27（1）：57-62.

[113] 徐颖，孟益平，程玉生. 装药不耦合系数对爆破裂纹控制的试验研究 [J]. 岩石力学与工程学报，2002（12）：1843-1847.

[114] 赵志鹏，欧阳烽，何富连，等. 切顶沿空留巷双向聚能爆破关键参数研究 [J]. 煤矿安全，2022，53（2）：226-233.

[115] 吴帅，李廷春，贾绪路，等. 过大落差断层深孔预裂爆破合理孔距研究 [J]. 科学技术与工程，2017，17（6）：163-166.

[116] 吴兆华，于雷. 坚硬顶煤弱化的深孔爆破合理炮孔间距研究 [J]. 煤矿开采，2015，20（4）：107-110.

[117] 张袁娟，赵强，吕鑫，等. 基于 LS-DYNA 的露天矿合理孔距确定方法 [J]. 煤炭技术，2016，35（3）：9-10.

[118] 吕昌，刘健，郭林杰. 深孔预裂爆破不同孔间距下裂隙演化规律 [J]. 煤矿安全，2016，47（11）：65-68.

[119] 刘维信，王劲翔，王其杰，等. 多排孔微差松动挤压爆破陷落柱技术研究 [J]. 煤炭工程，2020，52（10）：61-65.

[120] 刘永胜，傅洪贤，王梦恕，等. 水耦合定向断裂装药结构试验及机理分析 [J]. 北京交通大学学报，2009, 33（1）: 109-112.

[121] 杨仁树，桂来保. 焦散线方法及其应用 [M]. 徐州: 中国矿业大学出版社，1997.

[122] 杨仁树，左进京，杨立云，等. 爆炸应力波作用下动、静裂纹相互作用的实验研究 [J]. 爆炸与冲击，2017, 37（6）: 952-958.

[123] 杨仁树，王雁冰，岳中文，等. 定向断裂双孔爆破裂纹扩展的动态行为 [J]. 爆炸与冲击，2013, 33（6）: 631-637.

[124] 岳中文，田世颖，陈志远. 炮孔间距对切缝药包爆生裂纹扩展规律的影响 [J]. 岩石力学与工程学报，2018, 37（11）: 2460-2467.

[125] 贾腾，黄长国，刘公君，等. 不同孔间距抽采孔对深孔预裂爆破增透效果影响研究 [J]. 煤炭科学技术，2018, 46（5）: 109-113.

[126] 李汉坤. 不同耦合系数及孔间距对煤层爆生裂隙扩展影响的试验研究 [D]. 淮南: 安徽理工大学，2018.

[127] Holloway D C. Application of holographic interferometry to stress wave and crack propagation problems[J]. Optical Engineering, 1982, 21（5）: 769-792.

[128] Yue Z W, Yang L Y, Wang Y B. Experimental study of crack propagation in polymethyl methacrylate material with double holes under the directional controlled blasting[J]. Fatigue & Fracture of Engineering Materials & Structures, 2013, 36（8）: 827-833.

[129] 岳中文，郭洋，王煦，等. 起爆时差对孔间裂纹扩展影响的动焦散实验研究 [J]. 岩石力学与工程学报，2015, 34（11）: 2293-2300.

[130] 李清，于强，朱各勇，等. 不同药量的切缝药包双孔爆破裂纹扩展规律试验 [J]. 岩石力学与工程学报，2017, 36（9）: 2205-2212.

[131] 王雁冰，商禹智，石震鑫，等. 定向断裂双孔爆破含缺陷介质裂纹扩展的动焦散试验 [J]. 爆破，2018, 35（1）: 15-20.

[132] 王雁冰，杨仁树，丁晨曦，等. 双孔爆炸应力波作用下缺陷介质裂纹扩展的动焦散试验 [J]. 煤炭学报，2016, 41（7）: 1755-1761.

[133] 岳中文，郭洋，王煦. 切槽孔爆炸载荷下裂纹扩展行为的实验研究 [J]. 岩石力学与工程学报，2015, 34（10）: 2018-2026.

[134] 杨仁树，丁晨曦，杨国梁，等. 微差爆破的爆生裂纹扩展特性试验研究 [J]. 振

动与冲击，2017，36（24）：97-102.

[135] Cho S H, Nakamura Y, Mohanty B, et al. Numerical study of fracture plane control in laboratory-scale blasting[J]. Engineering Fracture Mechanics，2008，75（13）：3966-3984.

[136] 张志雄，郭银领，李林峰. 切缝药包爆破裂纹扩展机理研究[J]. 工程爆破，2007（2）：11-14.

[137] Bhandari S, Badal R. Post-blast studies of jointed rocks[J]. Engineering Fracture Mechanics，1990，35（1）：439-445.

[138] 张志呈. 定向断裂控制爆破机理综述[J]. 矿业研究与开发，2000，20（5）：40-42.

[139] 张志呈，蒲传金，史瑾瑾. 不同装药结构光面爆破对岩石的损伤研究[J]. 爆破，2006（1）：36-38，55.

[140] 龚敏，于亚伦，齐金铎. 预裂-缓冲爆破中柱状孔间应力波作用分析[J]. 北京科技大学学报，1998，20（1）：15-19.

[141] 朱振海，魏有志，杨永琦，等. 起爆时差对孔间裂缝贯穿影响的动光弹研究[J]. 爆炸与冲击，1991，11（4）：346-352.

[142] 杨永琦，朱振海，方文儒. 光面爆破机理的试验研究[J]. 煤炭学报，1986，3：69-76.

[143] 朱振海. 炮孔之间爆炸应变场的光力学分析[J]. 爆炸与冲击，1989，9（4）：309-317.

[144] 沈世伟，廖文旺，徐燕，等. 不同节理间距条件下岩体双孔爆破动焦散试验研究[J]. 煤炭学报，2018，43（8）：2180-2186.

[145] 沈世伟，李国良，李冬，等. 不同角度预制裂隙条件下双孔爆破裂纹扩展规律[J]. 煤炭学报，2019，44（10）：3049-3057.

[146] 谢华刚，阮怀宁，吴玲丽，等. 复合型切缝药包机理分析及微差爆破试验[J]. 煤炭学报，2010，35（S1）：68-71.

[147] 郭洋，李清，徐文龙，等. 条形药包爆破预制贯通裂纹动态断裂过程研究[J]. 岩土力学，2018，39（10）：3882-3890.

[148] Yang R S, Wang Y B, Guo D M, et al. Experimental research of crack propagation in polymethyl methacrylate material containing flaws under explosive stress waves[J]. Journal of Testing and Evaluation，2016，44（1）：56-60.

[149] Yang R S, Wang Y B, Xue H J, et al. Dynamic behavior analysis of perforated crack propagation in two-hole blasting[J]. Procedia Earth and Planetary Science, 2012, 5: 254-261.

[150] 李新平, 陈萍萍, 罗忆, 等. 非对称不耦合装药结构对预裂爆破效果的影响[J]. 爆破, 2017, 34（3）: 25-30.

[151] 戴俊, 李传净, 陈哲浩, 等. 光面爆破相邻炮孔裂纹扩展模拟[J]. 科学技术与工程, 2017, 17（18）: 193-197.

[152] Zhao J J, Zhang Y, Ranjith P G. Numerical simulation of blasting-induced fracture expansion in coal masses[J]. International Journal of Rock Mechanics and Mining Sciences, 2017, 100: 28-39.

[153] 宋彦琦, 李向上, 郭德勇. 多孔同段聚能爆破煤层增透数值模拟及应用[J]. 煤炭学报, 2018, 43（S2）: 469-474.

[154] Yi C, Johansson D, Nyberg U, et al. Stress wave interaction between two adjacent blast holes[J]. Rock Mechanics and Rock Engineering, 2016, 49（5）: 1803-1812.

[155] 郭德勇, 赵杰超, 朱同功, 等. 双孔聚能爆破煤层裂隙扩展贯通机理[J]. 工程科学学报, 2020, 42（12）: 1613-1623.

[156] 郭德勇, 张超, 李柯, 等. 松软低透煤层深孔微差聚能爆破致裂机理[J]. 煤炭学报, 2021, 46（8）: 2583-2592.

[157] 王渝, 陈帅志, 赵勇, 等. 铁矿巷道周边定向断裂爆破机理及现场试验研究[J]. 中国矿业, 2021, 30（8）: 103-109.

[158] 谢冰, 李幻, 杨小林, 等. 基于PFC2D的预裂爆破裂纹扩展模拟[J]. 水利学报, 2014, 45（S1）: 43-50.

[159] 王辉. 炸药爆炸产物JWL状态方程参数数值计算[D]. 西安: 西安工业大学, 2011.

[160] 戴俊. 岩石动力学特性与爆破理论[M]. 北京: 冶金工业出版社, 2013.

[161] 程康, 徐学勇, 谢冰. 工程爆破理论基础[M]. 武汉: 武汉理工大学出版社, 2014.

[162] 刘殿书, 李胜林. 爆破工程[M]. 北京: 科学出版社, 2011.

[163] Cho S H, Kaneko K. Influence of the applied pressure waveform on the dynamic fracture processes in rock[J]. International Journal of Rock Mechanics and Mining

Sciences, 2004, 41(5): 771-784.

[164] 吕鹏飞. 聚能爆破煤体增透及裂隙生成机理研究 [D]. 北京: 中国矿业大学, 2014.

[165] 张奇. 岩石爆破的粉碎区及其空腔膨胀 [J]. 爆炸与冲击, 1990(1): 68-75.

[166] 王文龙. 钻研爆破 [M]. 北京: 煤炭工业出版社, 1984.

[167] 戴俊. 柱状装药爆破的岩石压碎圈与裂隙圈计算 [J]. 辽宁工程技术大学学报(自然科学版), 2001(2): 144-147.

[168] 张志呈. 定向断裂控制爆破 [M]. 重庆: 重庆出版社, 2000.

[169] 郭德勇, 吕鹏飞, 王义贵, 等. 深孔聚能爆破煤层增透爆破参数研究 [J]. 北京科技大学学报, 2013, 35(12): 1533-1537.

[170] 郭德勇, 吕鹏飞, 单智勇, 等. 瓦斯抽放煤层增透深孔聚能爆破钻孔参数 [J]. 北京科技大学学报, 2013, 35(1): 16-20.

[171] 郭德勇, 商登莹, 吕鹏飞, 等. 深孔聚能爆破坚硬顶板弱化试验研究 [J]. 煤炭学报, 2013, 38(7): 1149-1153.

[172] 朱飞昊. 聚能爆破煤体损伤及裂纹演化特征研究 [D]. 淮南: 安徽理工大学, 2019.

[173] 潘泱波. 含夹矸薄煤层聚能爆破夹矸损伤特性试验研究 [D]. 淮南: 安徽理工大学, 2020.

[174] 田泽础. 液态二氧化碳相变致裂裂缝形态及影响因素研究 [D]. 徐州: 中国矿业大学, 2018.

[175] Song Y, Li X, Guo D, et al. Study on the decoupled charge effect in deep-hole cumulative blasting of coal seam[J]. Advances in Civil Engineering, 2019, 1-10.

[176] 庄茁, 蒋持平. 工程断裂与损伤 [M]. 北京: 机械工业出版社, 2004.

[177] 王志亮. 煤层深孔预裂爆破裂隙扩展机理与应用研究 [D]. 北京: 中国矿业大学, 2010.

[178] Li Q, Liang Y, Ren K K, et al. Experimental study of propagation of directional cracks with shaped charge under blasting load[J]. Chinese Journal of Rock Mechanics and Engineering, 2010, 29(8): 1684-1689.

[179] Murphy N, Ali M, Ivankovic A. Dynamic crack bifurcation in PMMA[J]. Engineering Fracture Mechanics, 2006, 73(16): 2569-2587.

[180] 白羽. 地应力影响下岩石爆破损伤模型及其数值试验 [D]. 沈阳: 东北大学, 2014.

[181] Rossmanith H P, Daehnke A, Nasmillner R E K, et al. Fracture mechanics applications to drilling and blasting[J].Fatigue & Fracture of Engineering Materials & Structures, 1997, 20（11）: 1617-1636.

[182] Wang Y. Study of the dynamic fracture effect using slotted cartridge decoupling charge blasting[J]. International Journal of Rock Mechanics and Mining Sciences, 2017, 96: 34-46.

[183] 李华隆. 隧道聚能水压定向爆破动力响应特性及参数优化研究 [D]. 南宁: 广西大学, 2022.

[184] 白金泽. LS-DYNA3D 理论基础与实例分析 [M]. 北京: 科学出版社, 2005.

[185] 石少卿, 康建功, 汪敏, 等. ANSYS/LS-DYNA 在爆炸与冲击领域内的工程应用 [M]. 北京: 中国建筑工业出版社, 2011.

[186] 王泽鹏, 胡仁喜, 康士廷, 等. ANSYS13.0LS-DYNA 非线性有限元分析实例指导教程 [M]. 北京: 机械工业出版社, 2011.

[187] Lucy L. A numerical approach to the testing of the fission hypothesis[J]. The Astronomical Journal, 1977, 82: 1013-1024.

[188] 李磊, 马宏昊, 沈兆武, 等. 聚能射流侵彻钢靶的 SPH-FEM 数值模拟 [J]. 南京理工大学学报, 2013, 37（2）: 226-232.

[189] 李磊, 沈兆武, 李学岭, 等. SPH 方法在聚能装药射流三维数值模拟中的应用 [J]. 爆炸与冲击, 2012, 32（3）: 316-322.

[190] Wu B, Xu S, Meng G, et al. Study on the dynamic evolution of through-crack in the double hole of elliptical bipolar linear shaped charge blasting[J]. Shock and Vibration, 2021, 1-7.

[191] Gazonas G A, Seglettes S B, Stegall S R, et al. Hydrocode simulation of the formation and penetration of a linear shaped demolition charge into a RHA plate[R]. Army Research Lab Aberdeen Proving Ground MD, 1995, 6.

[192] Yang G, Fu Y, Zheng J, et al. Simulation of formation and subsequent penetration process of linear shaped charge jets with different liners based on SPH method [J]. Journal of Vibration and Shock, 2016, 35（4）: 56-61.

[193] Ayisit O. The influence of asymmetries in shaped charge performance[J]. International

Journal of Impact Engineering, 2008, 35（12）: 1399-1404.

[194] 张程健. 带截锥形隔板聚能装药结构参数匹配的优化方法研究 [D]. 太原：中北大学，2020.

[195] 李昆仑，张炘，廖频. 基于遗传算法的支持向量机参数优化研究 [J]. 电脑知识与技术，2018，14（9）：185-186，191.

[196] 王琼瑶，何友全，彭小玲. 基于改进遗传算法的支持向量机参数优化方法 [J]. 计算机与现代化，2015（3）：33-36.

[197] 张志呈. 定向卸压隔振爆破 [M]. 重庆：重庆出版社，2013.

[198] Wang F, Wang R, Zhou W, et al. Numerical simulation and experimental verification of the rock damage field under particle water jet impacting[J]. International Journal of Impact Engineering, 2017, 102: 169-179.

[199] Esmaeili M, Tavakoli B. Finite element method simulation of explosive compaction in saturated loose sandy soils[J]. Soil Dynamics and Earthquake Engineering, 2019, 116: 446-459.

[200] Song J, Kim K. Micromechanical modeling of the dynamic fracture process during rock blasting[J]. International Journal of Rock Mechanics and Mining Sciences and Geomechanics Abstracts, 1996, 33（4）: 387-394.

[201] 张凯，黄文尧，陈秋宇，等. 控制孔定向致裂机理的研究及应用 [J]. 爆破，2014，31（1）：16-18.

[202] Xie L X, Lu W B, Zhang Q B, et al. Damage evolution mechanisms of rock in deep tunnels induced by cut blasting[J]. Tunnelling and Underground Space Technology, 2016, 58: 257-270.

[203] 凌伟明. 光面爆破和预裂爆破破裂机理的研究 [J]. 中国矿业大学学报，1990（4）：82-90.

[204] 郭德勇，赵杰超，吕鹏飞，等. 煤层深孔聚能爆破有效致裂范围探讨 [J]. 工程科学学报，2019，41（5）：582-590.

[205] 戴俊，钱七虎. 岩石爆破的破碎块体大小控制 [J]. 辽宁工程技术大学学报（自然科学版），2008（1）：54-56.

[206] Zhang L, Hong H. The calculation of stability of tunnel under effects of seismic wave of explosion: in 26th department of defence explosives safety seminar, doral

resort: Miami, FL, USA, 1994[C]. Department of Defence Explosives Safety Board.

[207] Wang J, Yin Y, Luo C. Johnson-Holmquist-II (JH-2) constitutive model for rock materials: parameter determination and application in tunnel smooth blasting[J]. Applied Sciences, 2018, 8 (9): 1-23.